Frank Schulz-Nieswandt
Die Zukunft des Alterns

Die Buchreihe »**Gegenwartsfragen**« schärft zeitdiagnostisch den Blick für das Hier und Jetzt. Sie hinterfragt den Status quo und erweitert gesellschaftspolitische Debatten um wichtige psychosoziale Dimensionen. Die kurzen, eingängigen und gut lesbaren Diskussionsbeiträge beziehen kritisch Position, treiben die Auseinandersetzung mit den gegenwärtig wesentlichen Fragen kontinuierlich voran und sind damit in produktiver Weise irritierend.

GEGENWARTSFRAGEN

Frank Schulz-Nieswandt

Die Zukunft des Alterns

Gemeinwohl und Lebensformen neu denken

GEGENWARTSFRAGEN

Psychosozial-Verlag

Bibliografische Information der Deutschen Nationalbibliothek
Die Deutsche Nationalbibliothek verzeichnet diese Publikation in der Deutschen Nationalbibliografie; detaillierte bibliografische Daten sind im Internet über http://dnb.d-nb.de abrufbar.

Originalausgabe

E-Mail: info@psychosozial-verlag.de
www.psychosozial-verlag.de

ISBN 978-3-8379-3309-3 (Print)
ISBN 978-3-8379-6255-0 (E-Book-PDF)
ISSN 2943-5439

Inhalt

Vorwort

Über die (wenn auch nur nähere) Zukunft des höheren und hohen Alters in einem wissenschaftlichen Essay skizzenhaft in aller Dichte und trotz der ausgeprägten Interdisziplinarität halbwegs verständlich zu reflektieren, ist eine nicht ganz triviale Aufgabe. Ob sie gelöst worden ist, muss die Leserschaft (m/w/d) entscheiden.

Die Antwort auf die Frage nach der Zukunft ist zunächst leicht gegeben: Es wird ein höheres und hohes Alter geben. Die eigentliche Frage jedoch ist, wie es um dieses Alter stehen wird. Manche Publikationen tragen Titel wie *Altern hat Zukunft!* mit einem Ausrufezeichen, andere fragen: *Hat Alter(n) noch Zukunft?* Wiederum andere konstatieren: *Die Zukunft liegt im Alter* bzw. *Altern ist Zukunft!* Oder auch: *Die »silberne« Zukunft gestalten!*[1]

Eine Publikation trägt den Untertitel *Über Möglichkeiten, Unmöglichkeiten und Überraschungen des Alters*. Dies ist vielleicht der beste Titel, denn er zeigt eine ontologische Sichtweise: Er verweist modallogisch auf die Offenheit und als Philosophie der Ereignisse auf die Überraschungen und die

1 Klingenböck et al., 2009; BKK-Landesverband Hessen, 2007; Kruse, 2006; Kaudelka, 2014; Wilde & Franke, 2008.

Plötzlichkeit des zukünftigen Augenblicks. Allein über die Ausdeutung dieses Untertitels ließe sich ein mehr oder weniger komplizierter wissenschaftlicher Essay schreiben.

Auch von »Altersutopien« ist die Rede. Utopien sind immer möglich. Die kritische Nachfrage lautet, wie konkret sie sind, was bedeutet: Ist die Eintrittswahrscheinlichkeit als Möglichkeit endogener Teil der realen Geschichte?

Die Auslegung des besagten Untertitels ist vielleicht aber auch problematisch, denn die Nachfrage stellt sich: *Welche* Möglichkeit mit *welcher* normativen Prädikation – gute oder schlechte, schöne oder hässliche Perspektiven, das sei doch wohl hier die entscheidende Frage? Gefragt wird also nach Positionierungen im Korridor der Entwicklung zwischen Progression und Regression. Und da wir nicht nach einzelnen, höchst konkreten persönlichen Möglichkeitsbeispielen fragen, sondern nach der Kultur des gesellschaftlichen Zusammenlebens (Illhardt, 2023), ist nach der Möglichkeit kollektiver Progression und kollektiver Regression gefragt. Beide Pfade sind durch die ontologischen Kategorien der unmöglichen Möglichkeit oder möglichen Unmöglichkeit, der Offenheit, der Überraschung, des Ereignisses, des Augenblicks, der Plötzlichkeit etc. gedeckt. Diese Kategorien können modisch im Lichte eines radikalen Postmodernismus ausgelegt werden, aber auch traditionsreich (zwischen Aristoteles und Goethe angesiedelt) als Kategorien einer Entelechie (Gestaltwerdung des Seins) über Metamorphosen hinweg. Vielleicht stimmt auch die Weisheit: »Die Wahrheit ist einfach mehrfach.«

Die Weise, wie ich denke, kommt in einem anderen Buchtitel zum Ausdruck, auch dann, wenn ich mich nicht auf nur eine – neue und innovative – Wohnform festlegen würde, sondern mich für die Verbindung von Wahlfreiheit und Möglichkeitsvielfalt ausspreche: *Zusammen ist man weniger alt. Ein Mehrgenerationenhaus und die wissenschaftliche Antwort darauf, wie wir gesund und glücklich altern* (Wagner, 2021). Dieser Satz ist empirisch zutreffend, sowohl philosophisch als auch sozialpsychologisch, allerdings auch nur, wenn es – salopp formuliert – »klappt«.

Die Vielfalt der Wahlmöglichkeiten ist auch deshalb so bedeutsam, weil wir es mit einer soziokulturellen und sozioökonomischen Heterogenität des zukünftigen Alters (als abhängiges Phänomen Z) infolge einer Heterogenität der vorausgegangenen Lebensläufe (also die kausale Erklärungsgröße Y, zu verstehen als Alterns- und Verlaufsformen des Hineinalterns) zu tun haben werden, wobei Y selbst zu erklären ist, weil die Formen des Alterns wiederum eingebettet bleiben in die sozioökonomischen und soziokulturellen Kontexte und in die Kultur der Zeitgeschichte (Z):

$$Z \rightarrow Y \rightarrow Z$$

Dadurch wird es nicht um eine einzige Wohnform für alle älteren und alten Menschen gehen, weil alle Menschen sehr unterschiedliche Präferenzen mitbringen werden, wobei der Präferenz-Begriff nur die expressive Oberfläche einer komplizierten inneren Tiefenstruktur zum Ausdruck bringt. Es hängt eben vom biografisch erworbenen psychodynamischen Strickmuster der Menschen ab und in der Folge von den erlernten Schemata, die das Weltverhältnis (zum Mitmenschen wie zu den Dingen) prägen, welche Wohnform passungsoptimal ist. Jeder Typ (m/w/d) muss eine passungsoptimale Form finden. Hier kommt mit der empirischen Richtigkeitswahrheit jedoch zugleich eine höhere Wahrheit ins Spiel: Kommt der Mensch in seiner Personalität zu seiner wahren Form?

Diese Überlegungen sind wichtig, wenn andere Buchtitel auf neue Kulturstile des Alters abstellen, die wohl kaum mehrheitliche Massenphänomene in naher Zukunft sein werden, etwa: *Neue Wohnform für Mutige. Eine Generation revolutioniert ihre Zukunft* oder: *Ich, die Alte. Aktivistische Ratschläge für freie Menschen.*[2] All diese Titel sind mittels digitaler Suchmaschine schnell zu finden. Es sind weitgehend nicht wissenschaftliche Abhandlungen, sie sagen aber viel aus über mögliche imaginative Diskursperspektiven.

Der vorliegende Essay reflektiert die Frage, wie es um die Lebensqualität im Lichte einer aktiven (nicht nur passiven, bekommenden), teilhabenden (Wolff, 2021) und – angesichts der Vulnerabilität, die zur *conditio humana* gehört – immer nur bedingten, nie absoluten und souveränen Autonomie des Menschen des höheren und hohen Alters in der nahen Zukunft stehen wird, und zwar aus der Perspektive der gegenwärtigen empirischen Befunde der Alter(n)sforschung heraus in Verbindung mit einem Blick auf die dazu notwendige Sozialpolitik, vor allem im Sozialraum im Kontext kommunaler Sozialpolitik.

Der Essay folgt der analytischen Strategie, nach den möglichen Weichenstellungen in einem bipolar aufgespannten Entwicklungsraum zu fragen. Im Lichte der relevanten normativrechtlichen Vorgaben, um einen wünschenswerten Sollwert als Maßstab zu definieren, geht es um den Zwischenraum,

2 Freixas, 2022; Hehl & Zohren, 2015.

also um einen Raum des Übergangs zwischen einer negativen und einer positiven Prädikation. Hierbei wird deutlich, dass der Essay der Tradition Kritischer Theorie verpflichtet ist. Die Weichenstellung bezeichnet nur den Pfad, den die weitere Zukunft einschlagen kann. Sie entscheidet darüber, ob die Reise den Weg zum negativen oder zum positiven Pol einschlägt.

Diese analytische Strategie, die in der folgenden Ausführung durchaus eine Erzählung über die Reisemöglichkeiten darstellt, mag wie eine Geschichte von Gut und Böse in säkularisierten Kategorien einer Philosophie der sozialeschatologischen Hoffnung klingen. Und das ist auch nicht ganz falsch, sofern diese Interpretation nicht vom Geist eines Zynismus eines nüchternen Empirismus und Positivismus getragen ist, denn dann würde man diesem kritischen Denken (Schulz-Nieswandt, 2018b) nicht gerecht werden.

Mit der angedeuteten analytischen Strategie einer Erzählung wird ein Korridor der sozialwissenschaftlichen Fantasie eröffnet, der als Entwicklungsraum der Möglichkeiten durch die Polarität von Dystopie und Utopie, von dunkler Ahnung und heller Hoffnung, in seinen Koordinaten definiert ist. Dies ist durchaus ein listiger Trick: Denn jede Zukunft liegt in diesem bipolar aufgespannten Raum. Denn die Polarität ist das ontologische Gesetz der *conditio humana* und zeichnet sich sowohl in den sozialen Formen (Nebeneinander, Miteinander, Gegeneinander) als auch in der Psychodynamik der intraindividuellen Arbeitsapparate (soziale Über-Ich-Ideale versus Ökonomik des Begehrens) ab.

Notwendig ist vielmehr die theoretisch angeleitete interpretative Ordnung der empirischen Befundelandschaft

(Schulz-Nieswandt, 2017), die auf die nahe Zukunft hin extrapoliert werden muss. Dazu müsste man Berge von Literatur aufarbeiten. Einige dieser Berge habe ich nach meinem Studium der Sozialwissenschaft in Bochum in meinen vier Dekaden der wissenschaftlichen Betätigung bewältigt. Daher fühle ich mich berechtigt, einen Teil meiner Publikationen in die Referenzstruktur aufzunehmen. Doch alle Berge wird man nicht abbauen können. Wenn alles allzu leicht erreichbar ist, geht das Salz im Meer des Lebens verloren. Davon handelt auch Homers *Odyssee* (Marneros, 2017), ein daseinsdramatisches Epos, in dessen Erzählung dem listigen und auch nicht immer sympathischen Helden viele Jahre des Herumirrens abverlangt worden sind, bis er – nicht ohne die Hilfe der Götter und Göttinnen (Berti, 2017) – zu seiner großen Liebe Penelope auf Ithaka zurückkehren konnte.

Deutlich wird am Ende der Lektüre des vorliegenden Essays, dass die Frage nach einem »guten Leben« im höheren und hohen Alter ein eigenständig bedeutsames Thema ist. Infolge der Einbettung in die Totalität der sozialen Verhältnisse in die Zeitlichkeit der Geschichte der interdependenten Menschen ist dies aber letztendlich ein Spiegel der nochmals größeren Frage, ob uns gemeinsam die »soziale Freiheit« eines Miteinanders als ein »gutes Leben« gelingt. Mit dem Spiegel ist als ein kollektives Orakel die sozialwissenschaftliche Prognose (Vorschau) aus der Diagnose (Rückschau auf die Aktualität und ihrer Genese) heraus gemeint, aber auch ein »jemeiniger« individueller Spiegel (so wie wir ihn jeden Morgen im Bad erleben), in den wir hineinschauen und – ermöglicht durch Jacques Lacans (Roudinesco, 2011) kindliche »Spiegelphase«, die wir einst durchlaufen haben – uns selbst erkennen und damit auch unser eigenes Alter, in das wir hineinaltern. Frei mit Julia Kristeva (1990) gesprochen: Das Fremde, das sind wir ja selbst!

Worum wird es also, um Absicht und Ziel festzuhalten, im vorliegenden Essay gehen? Aus dem interdisziplinären Wissen über das Altern und über die heutige Lebenssituation im Alter in Deutschland wird mehrdimensional und aspektreich das Alter in naher Zukunft (2030/2040) skizziert. Dabei wird auf die ausdifferenzierte Vielfalt abgestellt. Im Vordergrund stehen sowohl objektive Lebenslagen als auch das individuelle Erlebniserfahrungsgeschehen. Es kristallisiert sich eine gesellschaftspolitische Perspektive heraus.

Wenn das Alter als Altersklasse in seiner Vielfalt nur aus einer interdisziplinären Sicht auf die Verlaufsformen des Alterns verstanden werden kann, dann ist die schon heute beobachtbare Differenzierung, die zugleich von problematisierbaren Formen der sozialen Ungleichheit und der sozialen Ausgrenzung geprägt ist, in die Zukunft fortzuschreiben. Diese Heterogenität zwischen Diversität der Lebensformen und Diskriminierung wird sich in naher Zukunft demnach noch stärker konturieren und massive rechtliche und ethische Fragen sowie politische Kohäsionsprobleme aufwerfen. Gibt es in der *Postoptimistischen Gesellschaft*, wie es in einem Buchtitel lautet, Hoffnung durch eine neue *Generation Hoffnung*[3], wie es ebenso in einem Buchtitel formuliert wird? Ein Realismus zwischen utopischen Hoffnungen auf humangerechte Chancen für die ganze Kultur des Zusammenlebens der Generationen (Fichtner, 2023) einerseits und dystopischen

3 Friedrich, 2023; Weber, 2023.

Ängsten einer Zukunft eines *Ageism* andererseits ist angezeigt. Die zentrale Aufgabe wird die Gestaltung der Sozialraumentwicklung in der kommunalen Daseinsvorsorge sein.

Ich danke dem Verlag, der mich mit Vertrauen in meine Person für den vorliegenden Essay angefragt hat. In meinem redlichen Bemühen, halbwegs den konzeptionellen Erwartungen des Verlages nachzukommen, habe ich es nicht geschafft – was eben auch ein Teil des Themas Altern ist –, aus meiner Haut, also meinem Strickmuster, herauszutreten. Hätte ich es geschafft, wäre es eben auch nicht mehr meine Arbeit gewesen.

Aachen und Köln, Mai 2024

1 Einleitung

Heute im europäischen Raum geborene Mädchen werden mit einer Wahrscheinlichkeit von ca. 50 % über 100 Jahre alt. Vielleicht sind es auch nur 40 %. Aber um dieses Intervall geht es wohl. Für manche Menschen ist dies ein Wunder, für andere Menschen mag dies Angst machend oder sogar mit dystopischen Imaginationen assoziiert sein: Was passiert in dieser Zukunft mit den alten Menschen, reflektiert in Metaphern der Rentenlast und der Demenzlawine? Was bedeutet dies für den Wandel der Gesellschaft der Zukunft? Was bedeutet es dann, wenn 40 % der über 90-jährigen Menschen mittelschwere bis schwere Alzheimer-Demenz aufweisen? Was bedeutet dies angesichts des Kontextes, dass in einigen Jahren mehr als 90 % der Bevölkerung in Mega-Cities oder in urbanen Verdichtungsräumen leben? Was bedeutet dies im Kontext einer Erhöhung der Erdtemperatur um vielleicht drei Grad Celsius?

Wird das Leben im Alter noch lebenswert sein? Wie wird es um die Lebensqualität stehen? Vielleicht bewahrheitet sich die antike Sicht, wonach es das Beste wäre, nie geboren worden zu sein, und das Zweitbeste, früh zu sterben (Sophokles [401 v. Chr.], *Ödipus auf Kolonos* V, 1225). Ist das – zumindest im Zeithorizont der langen Dauer der letzten Jahrhunderte – relativ goldene Zeitalter des Alters im Aufstieg des Wohlfahrtsstaates im sodann tatsächlich alten Europa zu einem Ende gekommen? Ist – auf die Vorrede der Hegel'schen Rechtsphilosophie (Hegel, 1986) anspielend – der Flug der Eule der Minerva in den Diskursordnungen und in den Praxisfeldern (Langzeitpflegenotstand, medizinische Rationierung im Alter, Altersarmut, Einsamkeit und einsames Sterben, bröckelnde Infrastruktur, unbezahlbarer Wohnraum etc.) längst eine Signatur der Zukunft? Oder werden diese Problemfelder ohnehin überschattet von den vielen Kriegsschauplätzen in der multi-polaren Weltordnung, die sich nach dem Ende des kalten West-Ost-Krieges entfaltete, und von den Extremschwankungen der natürlichen Lebensbedingungen infolge der sich zuspitzenden Klimakrise?

Sollte es so nicht kommen, so aktualisiert sich das alte Problem der Akzeptanz des Alterns. Doch bekanntlich ist das Altern die einzige Alternative zum frühen Tod. Wer nicht früh sterben will, muss eben das Altern und sodann das Alter akzeptieren. Hinzu kommt die Erfahrung der Beschleunigung der subjektiv erlebten Zeit im Alter, wozu es verschiedene Empfehlungen in der einschlägigen Diskursliteratur gibt. Es gibt Differenzierungen zwischen Positiverzählungen der Verharmlosung und es gibt dystopische Dramatisierungen, eben auch mit der Gefahr selbsterfüllender Prophezeiungen, denn bekanntlich richten Menschen ihr Verhalten entsprechend aus, wenn sie fest an bestimmte Entwicklungen glauben.

Der Wiener Alterssoziologe Leopold Rosenmayr (1983) hat auf die späte Freiheit der Entpflichtung in der nachberuflichen Lebensphase hingewiesen. Nur muss die Zeit auch sinnvoll gefüllt werden, soll sie nicht als leere Seite ungenutzt bleiben. Dies konstituierte die Dynamik der Kultur-Geragogik (Bubolz-Lutz et al., 2022) und die Sozialpädagogik des höheren Alters (Böhnisch, 2023). Als Hochschullehrer habe ich ja auch schöne Erfahrungen mit dem Senior*innenstudium gemacht. Hatte ich nicht einen 75-jährigen Menschen nach zehnjähriger Dauer promovieren dürfen? Aber dies spiegelt natürlich eine selektive Erfahrungswelt. Einsamkeit im Alter – statistisch allerdings oftmals überschätzt – und das massenmedial immer wieder am Rande erwähnte Phänomen des einsamen Sterbens in unwirklichen Architekturen in bestimmten (alles andere als gentrifizierten) Quartieren der Städte sind andere Erfahrungsräume, ebenso wie das Phänomen der älteren Obdachlosen[1] oder auch das Altern in Gefängnissen (Pohlmann, 2022; Ghanem et al., 2023).

Kurz: Haben alle alternden Menschen eine Chance auf diese späte Freiheit? Dies ist erkennbar explizit nur eine rhetorische Frage. Es gibt daher auch andere Visionen, die im Modus der Empfehlung diskutiert werden, etwa die Anti-Aging-Ideen (Pfaller, 2016). Wenn wir in den Lebenswissenschaften erst einmal die biologischen Mechanismen des Alterns verstanden, also ursächlich erklärt haben, können wir steuernd in diese Alterung eingreifen, so das Narrativ dieser Fantasie, die mitunter den Vorwurf der »Hybris« zugeschrieben bekommt – meines Erachtens nicht zu Unrecht. Es geht hier nicht um gangbare Wege wie die der Genomanalyse in

1 Georges Simenon ließ seinen Kommissar Maigret in einem Roman einmal sagen (in Schulz-Nieswandt, 2023h), früher hätte er in Paris noch jeden Clochard beim Namen gekannt; heute ist das öffentliche Bild in Paris ganz anders geprägt.

der personalisierten Krebsmedizin, sondern um die Idee der Vermeidung des Alterns grundsätzlich und letztendlich um eine Unsterblichkeit. Und es fehlt nicht an philosophischen Reflexionen, wonach die Unsterblichkeit keineswegs eine Welt der Langeweile sein muss. Ist dies nicht genau diese soeben angeführte Hybris, die Odysseus noch zu meiden wusste, als er das Angebot der Unsterblichkeit der Göttin Kalypso ablehnte, das daran gekoppelt war, dass er bei ihr bleiben würde? Doch willigte Odysseus ja in die Endlichkeit des menschlichen Lebens ein, weil er zurück zu seiner großen Liebe Penelope wollte. Er willigte somit dergestalt in den Tod ein, weil er die begrenzte Lebensspanne mit Penelope in Liebe verbringen wollte, statt bei Kalypso unsterblich zu sein wie ein Gott. Odysseus willigte aus freien Stücken in etwas ein, was ohnehin unvermeidlich ist, aber zu akzeptieren gelernt werden muss: »Alle Menschen sind sterblich« (de Beauvoir, 1975).

Was sagt uns diese mythopoetische Anleihe? Nun: Der klassische Mythos war tatsächlich schon eine allererste Form der philosophischen Anthropologie. Demnach gilt: Der Mensch ist – ganz anders als die Götter und Göttinnen – sterblich und, so ein anderer Mythos, voller Leiden und von Kontingenz und Vulnerabilität geprägt, die aus der Büchse der Pandora auf den Menschen kamen. Philosophie war hier (allerdings eine weitgehend maskuline, mitunter frauenfeindliche) Pathosophie der tragischen Helden.

Anti-Aging-Ideen sind verknüpfbar mit trans- und posthumanistischen Visionen. Da geht es um neue Ontologien, wenn der Mensch und die Maschine neue Hybriditäten bilden (Gilt das auch schon für mich mit neuen Hüften, teilweisem

Zahnersatz und Lesebrille?), die alten mythologischen, zum Teil monströsen (Schulz, 2020; Winkler-Horacek, 2015) Mischwesen zwischen Mensch und Tier modernisierend. Da gibt es Utopien in der Perfektionierung des (philosophisch umstrittenen) Perfektionismus. Die Enhancement-Medizin und die Vertreibung des Geistes durch die Neurowissenschaften, aber auch neoliberale Dispositive und die Biopolitik als Regierungskunst der präventiven und produktivistischen Selbstoptimierungen sind hier wohl Übergangserscheinungen dessen, was der Strukturalismus prophezeit hatte: Das Ende (Tod) des Menschen als Subjekt. Der radikale Postmodernismus erweist sich dann als Schein der schönen neuen Welt. Und nicht das Ende aller, sondern nur der alten humanistischen Erzählung bleibt ein strittiges Thema: Es beginnt die große Erzählung des Klonens und der KI. Es wird neue Geheimbünde der Weisheit alter Menschen geben, die noch die letzten erhaltenen Bücher besitzen.

Hatte Friedrich Nietzsche (Safranski, 2019) noch angesichts der Ermordung Gottes die Vision vom Übermenschen ins Spiel gebracht, weil der Mensch sonst die ontologische Lücke oder transzendentale Obdachlosigkeit, so Georg Lukács (Dannemann et al., 2018), nicht füllen kann, so gibt es auch andere Visionen. Da geht es heute auch um Dystopien, wenn als Eskalation der Janus-Köpfigkeit von Fluch und Segen der digitalen Transformation (des Kapitalismus) nicht die Insekten, sondern die Künstliche Intelligenz die Herrschaft über die Erde übernehmen.

Quo vadis, Alter in baldiger Zukunft, etwa mit Blick auf die nächsten 20 Jahre? Späte Freiheit, für wen? Wohlstand für alle? Welcher Wohlstand? Altruistischer Suizid als gesellschaftliche Erwartung? Oder kommt der Aufstieg der Rolle der Weisheit im Alter, worüber bereits der Psychologe und Ethnologe Erik H. Erikson (1988) in seiner Theorie der Identität im vollständigen Lebenszyklus nachdachte? Im eher humorvollen Kriminalroman *Dorf ist Mord* von Dori Mellina aus dem Jahre 2020, der in Italien spielt, heißt es an einer Textstelle (kursiv auch im Original): »Die jungen Leute denken, die Alten sind die Narren, aber die Alten *wissen*, die Jungen sind Narren« (S. 132). Die entwicklungspsychologische Forschung über die Lebenszyklen hinweg konnte zeigen, dass Weisheit keine automatische Funktion des kalendarischen Alterns ist, sondern das Ergebnis produktiv und kreativ verarbeiteter Erfahrungen. So können hochaltrige Menschen auf dem Sterbebett noch ohne Weisheit sein, während Erwachsene mittleren Alters bereits zur Weisheit herangereift sein können, weil sie mit kritischen Lebensereignissen und anderen bedeutsamen und schwierigen Entwicklungsaufgaben konfrontiert waren. Mit den bewältigten Aufgaben wächst der Mensch. Dies kann man aus der subjektiven Perspektive (psychologisch) diskutieren (Schmidbauer, 2022). Doch steht der Mensch transaktional immer in Wechselwirkung zur Um-Welt, in der er aktiv (→ Wirken) wie passiv (→ Merken) eingestellt ist. Altern darf demnach keinesfalls psychologisch verkürzt werden. Eine Soziologie ohne Subjekt ist aber ebenso halbiert.

Oder vielleicht kommt der Terror der Gerontokratie auf die jüngeren Menschen zu? Wiederholt sich der Mythos der psychoanalytischen Kulturtheorie von Sigmund Freud (2009) über die Ermordung des alten Patriarchen durch die Horde der unterdrückten jungen Männer, die an den Grund und

Boden sowie an die Freiheit zur Aneignung der Frauen gelangen wollten, diesmal aber ohne Wiedergeburt der Schuldgefühle und entsprechender Coping-Rituale der Sühneopfer? Wird der Mensch nochmals aus einem Paradies vertrieben, das eben zu lange nicht als Paradies erkannt worden ist? Gemeint ist der Raum der Geschichte (als Zeitlichkeit des Seins) als Raum der dialektischen Einheit von Freiheit und Verantwortung.

Der vorliegende Essay soll Orientierungswissen für eine angemessen differenzierte Meinungsbildung bieten und er ist deshalb fachdisziplinär nicht einseitig verengt, macht er doch sodann auch die notwendigen rechtlichen und moralischen Wertegrundlagen der Diskussion der Thematik überaus deutlich. Er ist einerseits erfahrungswissenschaftlich fundiert, wagt aber auch theoriegeleitet anregende Zuspitzungen. Der Duktus ist kritisch und entsprechend engagiert, aber nicht zynisch und gehässig.

2 Poetik eines wissenschaftlichen Essays

Ein wissenschaftlicher Essay hat einen höheren Freiheitsgrad im Stil der darlegenden Erzählung eines Themas. Er verzichtet auch auf komplexe Fußnotenapparate und auf umfängliche forschungsorientierte Fachliteraturbezüge. Auf jegliche Theoriebezüge, Autor*innen-Verweise und terminologische Bezugnahmen wird man dabei aber nicht verzichten können. Obwohl es um die Paraphrase von empirischen Befunden geht, die so konzertiert werden, dass sich ein porträtierendes, aber nicht naturalistisch verstandenes Bild von der sozialen Wirklichkeit ergibt, leisten wir uns literarische Passagen und fundieren unsere politischen Einschätzungen zwar wissenschaftlich, gehen aber über einen reinen Empirismus und Positivismus hinaus und öffnen uns normativen, mitunter »juridischen« Überlegungen im Mischbereich von Recht und Moral (Harbusch, 2018).

Die Differenz zum Stil eines Handbuchartikels (oder in der Substanz eines ganzen Handbuches: Fuchs, 2021; Scarre, 2017) oder eines Surveys ist demnach signifikant. Auch wird hierbei die Antwortsuche auf die Frage nach der Bedeutung der empirischen Befunde im Lichte von – wie es der historische und vergleichende Soziologe Max Weber formulierte – transzendentalen, also Erkenntnis überhaupt erst ermöglichenden Wertsetzungen von höchster Kulturbedeutung eingeflochten. In der vorliegenden essayistischen Abhandlung wird diese neu-kantianische Wissenschaftslehre aber noch erweitert, indem die Ergebnisse der Alternsforschung in einen breiteren Sinnhorizont der philosophischen Anthropologie, die von der *conditio humana* handelt, gestellt werden. Zudem werden Positionen der (klassischen) Kritischen Theorie (Schulz-Nieswandt, 2024a) eingefügt.

Einige provozierende Zuspitzungen werden eine Alternative zu Strategien der versöhnlichen Mainstream-Gerontologie sein, die sich gerne in der Mitte zwischen Verharmlosung der Risiken des kollektiven Scheiterns der Bewältigung des sozialen Wandels einerseits und der Dramatisierung der Bewältigungsaufgabe andererseits ansiedelt. Das Altern sei eben *uno actu* Chance (Fichtner, 2023) und Herausforderung. Unmengen von Publikationen tragen derlei Titel. Mitunter wird eine Lebenskunst empfohlen: Erlerne die Leichtigkeit, Entspanntheit, Mühelosigkeit (Bachmaier, 2015). Mit solchen Ästhetisierungen des Alterns kann ich im Lichte meines interdisziplinären Wissens nicht viel anfangen. In der Erörterung der Frage, was uns denn die Befunde bedeuten, ergeben sich zwingend rechtsphilosophische und ethische Fragen, die wir aufgreifen müssen, um die Situation des Alters in der nahen Zukunft problematisieren zu können. Es wird von mir also nicht beabsichtigt, einem Empirismus zu folgen, der sich um kulturbedeutsame Stellungnahmen herumdrückt, sich hinter falsch verstandenen Ideen der Wertfreiheit der Wissenschaft versteckt und so in einem verantwortungslosen Positivismus ausmündet.

Wenn einst Karl Marx schrieb, den Grad der Zivilisation könne man daran erkennen, wie sich der Mann zur Frau verhält, so kann man auch andere Gradmesser wählen (Brown, 2021). Greift man bibelwissenschaftlich das sogenannte Elterngebot im Dekalog des Deuteronomiums des Alten Testaments auf (und legt man es hermeneutisch nicht mit Blick auf den Patriarchalismus der vom Stadtadel beherrschten damaligen agrar- und viehwirtschaftlichen Siedlungsstruktur sozialgeschichtlich unsensibel aus), so könnte man auch schreiben: Der Grad der Zivilisation zeigt sich in der Art und Weise, wie sich die Gesellschaft als Generationsgefüge zum höheren und hohen Alter verhält. Man erkennt im Lichte der heutigen modernen Naturrechtslehre des überpositiven Rechts der personalen Würde das generalisierte Muster der prädikativen Logik dieser evaluativen Vermessung der Kulturbedeutung der empirischen Befunde: Es geht um das Menschenrecht auf eine würdevolle Daseinsführung und um ein daraus ableitbares System sozialer Grundrechte. Art. 1 GG lautet:

> »(1) Die Würde des Menschen ist unantastbar. Sie zu achten und zu schützen ist Verpflichtung aller staatlichen Gewalt.
> (2) Das Deutsche Volk bekennt sich darum zu unverletzlichen und unveräußerlichen Menschenrechten als Grundlage jeder menschlichen Gemeinschaft, des Friedens und der Gerechtigkeit in der Welt.
> (3) Die nachfolgenden Grundrechte binden Gesetzgebung, vollziehende Gewalt und Rechtsprechung als unmittelbar geltendes Recht.«

Dann rückt am anderen Ende des Lebenszyklus auch die Kindheit und das Grundrecht auf Kindeswohl in den Blick. Und auch hier geht es um ein Sozialraumdenken und um die

Qualität sozialer Beziehungen (in Familie wie in der Schule), denn Kinder benötigen förderliche (anregende, das Potenzial der Kinder aktualisierende) Umwelten des gelingenden Aufwachsens als Werden der menschlichen Person. So hat Rainer Maria Rilke im Rahmen seiner sogenannten Ding-Philosophie poetisch entfalten können, wie die Dinge um uns herum eine Aura anregender, geradezu animistisch anmutender Atmosphäre epiphanischer Art (Schulz-Nieswandt, 2023m, 2023n, 2024b) annehmen können. So kann der Mensch aus dem Weltverhältnis aktiver Passivität heraus zu einer schöpferischen Responsität gelangen und im Zuge einer Dynamik der Selbsttranszendenz über sich hinauswachsen.

Obwohl die Politiker*innen von den Kindern als unsere Zukunft schwafeln, führen wir keinen effektiven Kampf gegen den Bildungsnotstand. In einem gewissen Sinne hat das Geschwafel in einem aber nicht intendierten (gemeinten) Sinne Recht: Die bildungspolitisch und sozialisatorisch vernachlässigten Kinder sind sodann nämlich unsere *problematische* Zukunft. Die Liebe zum Menschen als Sorge um die Welt, von der in der politischen Philosophie von Hannah Arendt (2020) die Rede ist, sieht anders aus.

Im Essay können demnach auch die relevanten normativen Perspektiven und somit politische Diskurse eingebaut werden. Der Sprachstil des Essays muss nicht die typische Sachlichkeit wissenschaftlicher Analysen aufweisen, sondern kann etwas literarischer verfahren, anekdotische Evidenz einbauen, autobiografische Züge einweben und letztlich die konturenlosen Differenzierungen empiristischer Datenfriedhöfe ersetzen durch explizite und damit transparent nachvollziehbare Zuspitzungen, er kann überhaupt auch und gerade dort zuspitzen, wo sonst Vorsicht angemahnt, weil geboten sein sollte. Es geht also um Problematisierungen als Methode. Dies bedeutet nicht, dass die Daten der Sozialforschung unwichtig sind; nein, sie sind die Grundlage. Doch die Daten sprechen nicht von sich aus zu uns. Man wird sie zum Sprechen bringen müssen, und dies im Lichte relevanter Erkenntnisinteressen, normativ bedeutsamer Ideen, rechtlicher Vorgaben, moralischer Maßstäbe (Schulz-Nieswandt, 2018b). Bedeutsame Datensätze gibt es. Klassiker waren die Bonner und die Berliner Altersstudie, heute sind es der Deutsche Alterssurvey (DEAS), das Sozio-oekonomische Panel (SOEP), der Survey of Health, Ageing and Retirement in Europe (SHARE), der Deutsche Freiwilligensurvey (DFS) sowie die Studie D80+ »Hohes Alter in Deutschland«.[1] Außerdem gibt es internationale Altersberichte und Alternsstudien sowie eine Fülle sozialwissenschaftlicher Daten, die für die Alter(n)sforschung relevant sind.

Der Essay paraphrasiert in dichter Form viel Wissen, malt facettenreich eine Problemlandschaft und eröffnet eine Sicht auf die Freiheitsgrade in der Gestaltung der Zukunft. Eher ungewöhnlich sind der hohe Grad der Interdisziplinarität und der Versuch, ein ganzheitliches Bild der Entwicklung zu skizzieren. Die Darlegungen verknüpfen Diskussionen aus den Kultur-, Sozial- und Wirtschaftswissenschaften, sind aber letztendlich weniger für die Wissenschaft als für die Politik und für die Zivilgesellschaft und am Ende für gesellschaftspolitisch interessierte Bürger*innen geschrieben.

1 Mahne et al, 2017; Kasper et al., 2023; Lehr & Thomae, 1987; Lindenberger et al., 2009; Börsch-Supan et al., 2015; Simonson et al., 2022.

Doch soll sich der Essay nicht in Befunden und den Zahlen der Studien verlieren. Ich will über die möglichen Weichenstellungen in der Allokation der Lebensformchancen im Alter der nahen Zukunft reflektieren. Die narrative Strategie der Poetik des Essays zeigt sich auch in der wechselnden Art der inkludierenden Autorschaft, wenn von »ich«, »wir« und »uns« die Rede ist. Der Essay versucht damit ansatzweise, in eine dialogische Struktur einzutreten. Meist habe ich mit Sternchen (*) »gegendert«, mitunter auch, damit wir nicht mit dem Zauber des wirklichen Sternenhimmels zu konkurrieren versuchen, herausgestellt, dass alle Geschlechter (m/w/d) gemeint sind. Wenn ich öfters umgangssprachlich von »man« spreche, meine ich weder das »man« in Heideggers (2006) Fundamentalontologie von Sein und Zeit, noch den »Mann«.

3 In die Zukunft schauen

Wie sieht das Alter in der Zukunft aus? Dazu muss mit hinreichend guten Gründen und im Lichte des verfügbaren Wissens (BMFSFJ, 1993ff.; dazu auch Schulz-Nieswandt, 2020b, 2019b) und passenden Interpretationshorizonten konkretisiert werden, was denn das Alter ist (Hank et al., 2023; Kaspar et al., 2023; Lang et al., 2022; Aner & Karl, 2020).

Die Antwortsuche wird uns in den nachfolgenden Abschnitten des vorliegenden Essays beschäftigen, auch die Frage, was denn ein Essay ist, dessen (wenn auch nicht närrischen) Freiheitsgrade ich soeben schon erwähnt habe. Befassen wir uns zunächst mit der Frage, was unter der Zukunft zu verstehen ist und ob und inwieweit man über sie fundiert (Opaschowski, 2013a, 2023b) sprechen kann.

Das Problem ist uralt. Im Kontext der Unsicherheit menschlicher Existenz im Daseinsdrama wurde der von Endlichkeit, Kontingenz und Vulnerabilität (Verletzbarkeit in seiner ganzen, Geist, Seele und Körper umfassenden Leiblichkeit) geprägte Mensch infolge seiner evolutionären Entwicklung fähig, Fragen zu stellen: Wo komme ich her, wer bin ich, wohin führt mich mein Weg?

Der klassische Mythos bot hier Deutungsmuster an. Bis heute – auch in der Form der Wissenschaft sowie in den verschiedenen Formen der Kunst – arbeitet der Mensch an der Wahrheit des Mythos. Das Orakel von Delphi gab keine eindeutigen Antworten. Dies spiegelt die Humanität dieser Weissagung wider. Denn die Mitwirkung durch Interpretation der Orakelsprüche seitens des Menschen wird erwartet: Der Mensch wird eben nicht freigesprochen von seiner Mitverantwortung in der Geschichte. Er selbst ist es (seit dem Auszug aus dem Paradies), der seine Geschichte macht. Dies geschieht aus der Einheit von Freiheit und Notwendigkeit heraus. Er verantwortet die von ihm gemachte Geschichte in den Grenzen der Möglichkeiten.

Diese Möglichkeiten sind Teil der sozialen Wirklichkeit in der geschichtlichen Zeitstruktur der Kultur des menschlichen Zusammenlebens, eingestellt in den großen Naturzusammenhang. Es geht also – modallogisch, was sogar eine narrative Geschichtsphilosophie ermöglicht (Schulz-Nieswandt, 2023j) – um die Humanität der moralischen und politischen Freiheitsgrade in einer komplexen Dependenzgrammatik des Menschen in Raum und Zeit. Die Corona-Krise ebenso wie die Klimakrise – über die sogenannte Zeitenwende müssen wir zum Ende des Essays nochmals reflektieren – haben gezeigt, dass der Mensch kein isoliertes Wesen darstellt, sondern ein von kultureller Einbettung (»cultural embeddedness«) und sozialer Verkettung (»social connectedness«) geprägtes Wesen *(homo socialis)* ist, eingestellt in den Oikos des privaten Lebens, in der Polis seines öffentlichen Lebens in der staatlich regulierten Zivilgesellschaft und im Kosmos seines planetarischen Lebensraumes, der bedroht wird vom manischen Wahn des prometheischen Menschen, dem in Form psychodynamischer Diagnostik von der Kritischen Theorie zu Recht seine instrumentelle Vernunft des Besitzrechtsindividualismus als Ökonomik der Begierde vorgeworfen wird. Ich betone nochmals die soeben angezeigte Dynamik der Selbsttranszendenz des sich personalisierenden (Carl Gustav Jung sprach von »Individuation«: Jung, 2001) Menschen:

Oikos → Polis → Kosmos

Insofern war schon früher Futurologie fortschrittskritisch ausgerichtet (Eberspächer, 2018). Denn das Erkenntnisinteresse galt der Frage, wann von Fortschritt sinnvoll die Rede sein kann (Schulz-Nieswandt, 2023k). Sogar in der Präambel der Verträge der Europäischen Union (EUV) wird zwischen ökonomischem Fortschritt und sozialem Fortschritt unterschieden. Dabei wird wohl die Differenz (und das Zusammenspiel) von notwendigen Voraussetzungen einerseits und hinreichenden Bedingungen andererseits angesprochen. Das Wachstum des Bruttoinlandsproduktes ist eben kein hinreichender Indikator für eine holistische Vorstellung von Wohlstand als Lebensqualität.

Der Mensch – und wir werden lernen müssen, alle unsere Erörterungen im Plural der interdependent zusammenlebenden Menschen zu diskutieren – ist in das Gefüge von Vergangenheit, Gegenwart und Zukunft in der Form seines Lebenszyklus (Schulz-Nieswandt et al., 2022a) eingespannt, definiert als Lebensspanne zwischen Entstehung, Geburt und Tod. Die moderne Gesellschaft ist hierbei gekennzeichnet von einem Zusammenspiel einer zyklischen Zeit des Werdens und Vergehens und der ewigen Wiederholung dieses Kreislaufs sowie der linearen, »nach vorne hin« verlaufenden, unendlichen

Zeit, die als Fortschritt interpretiert wird. In diesem Sinne ist die Moderne zunehmend vom Geist einer innovationszyklischen Linearität geprägt (Schulz-Nieswandt et al., 2023b). Von hier stammt der Satz, wonach – trotz des Erleidens von Verlusten und Erlebnissen von Unterbrechungen – das Leben weitergeht. »Hinter dem Horizont geht's weiter«, wurde von Udo Lindenberg gesungen. In versteckter Weise ist diese unendliche Linearität ein Zyklus. Denn mit dem Dahinschreiten verschiebt sich immer nur der Horizont und man wandert um den Globus herum. Linearer Fortschritt kann also für den auch noch im post-kopernikanischen Zeitalter ptolemäisch denkenden egozentrierten Menschen zur optischen Täuschung werden, weil er alle Bewegungen um ihn herum auf sich selbst in der Mich-Erfahrung sinnlich erlebt.

Der ältere und alte Mensch – oder auch der tödlich erkrankte jüngere Mensch – ist jedoch mit dem Wissen um das kalendarische Ende seines Zyklus konfrontiert und muss zur Kenntnis nehmen, dass der Satz, wonach das Leben immer weitergeht, andere (jüngere und nachwachsende) Menschen (Kohorten) betrifft. Doch genau hier mag auch Trost verborgen sein. Das eigene endliche Leben – in welch kleiner Größe des Wirkens auch immer – hat in der Abfolge der Generationen an der Geschichte mitgestrickt. Der Philosoph Vladimir Jankélévitch (2004) hatte in einer Abhandlung über die Vergebung argumentieren können, es müsste die Nazis doch schwer geärgert haben, wenn sie erkennen müssen, dass man mit der Ermordung der Juden diese nie wirklich auslöschen kann, denn ihr bedeutsames Wirken in der Kulturgeschichte der Menschheit sei unauslöschlich, weil sie in der Vergangenheit als eine abgeschlossene Geschichte bereits geschehen ist.

Diese Wirkungsgeschichte gilt insgesamt für jeden einzelnen Menschen.

Auf die Frage des Sterben-Könnens angesichts dieses Wissens um die Endlichkeit als sogenannter Ur-Schock werden wir daseinsthematisch weiter unten nochmals eingehen müssen. Denn ein Zusammenhang muss betont werden: Die gerontologische Forschung hat uns aufzeigen können, dass die subjektive Bewältigung des Daseinsthemas der Endlichkeit im höheren und hohen Alter von der selbstkreditierenden Lebensbilanz abhängt, die die Frage beantworten muss, ob man – ohne hier nun vertiefend auf die Möglichkeit einer ontologischen Philosophie der Liebe einzugehen – geliebt hat und geliebt worden ist (quasi die konstitutive Heilsfrage einer Art von Sozialeschatologie der endlichen Lebenszeit) und ob man in der letzten Lebensphase noch eine Rolle spielt, also von Bedeutung ist in der Gesellschaft als Generationsgefüge, und ob man folglich nicht einen »sozialen Tod« der Bedeutungslosigkeit erleiden muss im Zuge von sozialen Praktiken der Marginalisierung oder gar der Exklusion.

Es geht also um Fragen des *Ageism* (Kesseler & Warner, 2022; Levy, 2023) und der Altersdiskriminierung (Rothermund & Mayer, 2009). Was, wenn ein maßgeblicher Teil der Gesellschaft fragt: Ist das mit Blick auf das Bruttoinlandsprodukt unproduktive höhere und hohe Alter noch fähig, zumindest (wie der Freiwilligen-Survey zeigen kann) informelle Leistungen im Modus eines sozialen Engagements als bürgerschaftliche Tugend zu erbringen bzw. als ambulante Großeltern zur Vereinbarkeit von Familie und Beruf der mittleren Generation beizutragen? Wenn ja, dann stelle ich die kritische Nachfrage: Oder ist der zerbrechliche (vom *frailty-*

Syndrom geprägte, also »gebrechliche«) alte Mensch Müll, der auf den Deponien der Langzeitpflege, also in den Heimen als Orte »panoptischer Kasernierung« (Schulz-Nieswandt, 2021b, 2021c), entsorgt wird? Haben wir hier negative »Heterotopien« (Foucault, 2013) vor uns, dominiert von einem »sicher, sauber, satt, still«-Dispositiv? Sind es noch zum Sozialraum hin geöffnete Orte des Wohnens in den Grenzen der aktualisierbaren Maße an Selbstbestimmung, Selbständigkeit und Teilhabe?

Im Art. 34 Absatz 3 der Grundrechtecharta der EU lautet es:

> »Um die soziale Ausgrenzung und die Armut zu bekämpfen, anerkennt und achtet die Union das Recht auf eine soziale Unterstützung und eine Unterstützung für die Wohnung, die allen, die nicht über ausreichende Mittel verfügen, ein menschenwürdiges Dasein sicherstellen sollen, nach Maßgabe des Gemeinschaftsrechts und der einzelstaatlichen Rechtsvorschriften und Gepflogenheiten.«

Wir werden weiter unten sehen müssen, wie wir solche Fragen mit Blick auf die nahe Zukunft des Alters – sicherlich differenziert, aber mit Blick für die Ambivalenzen – beantworten werden können. Ich werde dort auch im Lichte einer Psychodynamik der sogenannten apotropäischen Hygieneangst versuchen, die kulturelle Grammatik solcher Praxisfelder (Schulz-Nieswandt, 2021b, 2021c) anzusprechen (Frommeld et al., 2023) – Analoges ist möglich mit Blick auf die Kultur der sozialen Praktiken (Schulz-Nieswandt, 2020c) gegenüber Menschen mit Behinderung, Menschen mit Migrations- oder Fluchthintergrund, obdachlosen Menschen etc.

Auch für den bereits älteren oder alten Menschen gilt, was für alle Menschen im Verlauf des gesamten Lebenszyklus gilt: Die Gegenwart ist der Zwischenraum der Augenblicke, angesiedelt zwischen den verhaltenswirksamen Sinnhorizonten der Vergangenheit einerseits und den offenen Veränderungshorizonten der Zukunft andererseits. Die biografische Zeit des individuellen Alterns ist demnach eingelassen in diese weichenstellende Drehscheibe der Gegenwart zwischen Vergangenheit und Zukunft.

Daraus resultiert eine Einsicht, die für den Verlauf des vorliegenden Essays in einer konstitutiven Art und Weise bedeutsam ist: Es verschachteln sich die individuelle Biografie mit der Zeitgeschichte und der großen Rahmung der Epoche (Felden, 2021). Dergestalt ist jede höchst individuelle Lebenslaufgeschichte immer eine zeitgeschichtlich und somit sozial überformte Biografie. Dies beginnt mit dem sogenannten Kohorten-Effekt: Menschen eng aneinander liegender Jahrgangsklassen – die Kriegskinder, die Nachkriegskinder und Baby-Boomer (Schulz-Nieswandt, 2018a) und die nachfolgenden Generationen – teilen ein kollektives Schicksal, das sie prägt. Der Soziologe Karl Mannheim entfaltete einen neuen Generationenbegriff, um dergestalt die Geburtsjahrgänge zusammenzufassen, die ein einschneidendes Jugenderlebnis geteilt haben und so vor identischen Aufgaben standen, die Mannheim »Lebenszusammenhänge« oder »Generationszusammenhänge« nennt, diese aber je nach Klassenlage unterschiedlich lösten (sogenannter konjunktiver Erfahrungsraum).

Mit dieser Formation treten dann die Jahrgänge in den Lebensverlauf unter der Bedingung eines sozialen Wandels ein.

Die Epoche ist die der Moderne, die (nach der Wirkung von Reformation und Renaissance im Sinne einer langen Dauer) ihre Sattelzeit in der Französischen Revolution hat. Es folgen die bis heute prägenden Kollektivtraumata des Ersten und des Zweiten (faschistischen) Weltkriegs (Karl, 2023). Heute ist es die sogenannte Zeitenwende, über die wir, ich hatte es angedeutet, noch reflektieren müssen.

Wir wissen heute, wie Jahrgänge aus dem Ende des 19. Jahrhunderts/Anfang des 20. Jahrhunderts in die Aktualität der Nachkriegsgeschichte hinein gealtert sind. Deren Biografien sind nun längst abgeschlossen. Wie sieht nun das Alter im Lichte des Hineinalterns – auf die Einheit der Differenz von Altern und Alter wird noch einzugehen sein – demnächst, also in der nahen Zukunft, aus? Sicherlich meinen wir damit das nun angebrochene und anbrechende Alter der Babyboomer. Aber wir könnten auch fragen, wie es um das Alter(n) der heutigen Kindheit aussieht, die geprägt ist von der Zeitenwende, aber auch grundsätzlich von einer sozialen Ungleichheit, deren wichtigster Prädiktor die Bildungsungerechtigkeit ist, deren Ursache sicherlich auch im maroden Bildungssystem liegt, aber, damit eng verflochten, auch die Ungleichheit der familiären Lebenswelten deutlich macht, denn beides sind Elemente eines Struktur- und Funktionszusammenhangs.

Die verschiedenen vorliegenden, oben schon genannten, soziologischen Datensätze, aus denen heraus eine Flut von Publikationen generiert worden ist, bieten uns heute die Möglichkeit, signifikante Konturen des Alters der nahen Zukunft in einem Spektrum von abgestuften Schattierungen zu skizzieren. Sie lassen Schlussfolgerungen in einem bipolar aufgespannten Spektrum zwischen Verharmlosungen und Dramatisierungen zu. In der politikberatenden Mainstream-Gerontologie ist immer wieder die nicht unfundierte und nicht unplausible Rede vom Alter als Chance und Herausforderung. Aber diese Erzählung gibt es schon seit geraumer Zeit, was sich unter anderem am Beispiel der bisherigen neun Altenberichtserstattungen des Bundes (BMFSFJ, 1993ff.) rekonstruieren lässt.

Doch wann ist es fünf Minuten nach zwölf, wo dann doch längst die pfadbestimmenden Weichen gestellt sind? Denn der Korridor ist nicht unendlich lange offen. Hat sich der Korridor bereits geschlossen? Haben sich die gesellschaftspolitischen Freiheitsgrade in der Weichenstellung bereits nachhaltig und signifikant verringert?

Wir werden uns also tiefer darüber verständigen müssen, was Alter und Altern ist und wie es funktioniert, um zu verstehen, wie es um die Zukunft des Alter(n)s steht. Das Thema ist wie ein verschlossener Raum, der geöffnet werden muss. Wir brauchen also einen Schlüssel, der den Raum öffnet. Da der Raum dann immer noch dunkel sein mag, müssen wir Scheinwerfer aufstellen, um ihn auszuleuchten.

4 Das Thema als Raum öffnen und Scheinwerfer zur Ausleuchtung aufstellen

Das Thema Altern (als Entwicklungsprozess) und Alter (als Lebensphase oder Altersklasse, wie es in der älteren Ethnologie lautete), wobei die Entwicklung zur Herausbildung der Phase führt, die als Physiognomie des Alters demnach eine Funktion des langen Werdens ist, müssen wir wie einen verschlossenen dunklen Raum verstehen:

$$\text{Altern} = \text{Entwicklung} \rightarrow \text{Alter} = \text{Phase}$$

Der Raum muss aufgeschlossen und sodann ausgeleuchtet werden. Dazu benötigt man folglich einen Schlüssel sowie sodann Scheinwerfer, die den geöffneten Raum ausleuchten, damit man sich darin bewegen und den Innenraum entdecken kann. Dies sind ja Formen metaphorischen Sprechens. Sie erleichtern den Zugang zum Gemeinten und zur Aufgabe, die sich daraus ergibt. Wir kommen aber nicht darum herum, die Aufgabe etwas analytischer zu fassen.

Der Schlüssel liegt in einer morphologischen Bestimmung des Gegenstandes unserer Diskussion: Was ist das Alter als Lebensphase? Und wie entsteht sie, wenn man den Blick auf diese Lebensphase als eine Landschaft empirischer Befunde dreht in Hinsicht auf die Genese als komplexes dynamisches

Prozessgeschehen? Diese Genese ist ein generativer Mechanismus, der das Alter als Resultante performiert. In diesem Sinne spricht man mitunter davon, man könne ganze Geschichten von Geschehnissen in einem Gesicht ablesen. Die Geschichten des Lebens schreiben sich in den Menschen ein: in Körper, Seele und Geist.

Versteht man Schritt für Schritt das Alter, versteht man Schritt für Schritt die Totalität der gesellschaftlichen Verhältnisse in der geschichtlichen Zeitlichkeit des sozialen Wandels. Man wird individuelle Lebensgeschichten als verdichtete Ausdrucksgestalten des sozialen Wandels in einem jeweils langen Jahrhundert (das 19. in das 20. Jahrhundert oder das 20. in das 21. Jahrhundert hinein) rekonstruieren können, aber auch das aggregierte Alter im Rahmen der Altersstruktur der Gesellschaft, als Interpenetrationsgeschehensordnung von Wirtschaft, Politik, Recht, Sozialstruktur, Kultur und Person im Wandel.

Dieser holistische Blick lässt sich nicht hinreichend in einem mehr oder weniger kruden Basis-Überbau-Modell erfassen. Der Überbau disponiert ja das Denken und somit das Handeln der Menschen, und die sogenannte Basis der ökonomischen Produktionsweise als Zusammenspiel von Eigentumsverhältnissen und technologischen Innovationen (Produktivkräfte: etwa einst das Feuer des Prometheus, das Buch und seine Beerdigung in Form des PDF, heute die KI) besteht ja selbst aus sozialen Beziehungen, die als Praxis eine Kultur sozialer Praktiken sind, also über Ideen und Interessen, über interpretative Wahrnehmungen als kognitive Skripte, von Visionen, Träumen und Leidenschaften, Begehren als Ausdruck von Ordnungen der Begierde etc. getrieben und reguliert sind. Kurz: Wenn wir Alter verstehen wollen, müssen wir die ganze Gesellschaft verstehen. Wenn wir Gesellschaft verstehen, können wir auch das Alter rekonstruieren.

Die Alternsforschung – die Gerontologie als multidisziplinäre oder gar interdisziplinäre Idee – ist stark geprägt von einer differentiellen Psychologie (Wahl, 2017), die auf die Unterschiede in den Formen des Alterns und in der Folge auf die Unterschiede in den Gestalten des Alters abstellt. Dieser Blick muss keineswegs eine individualistische (atomistische) Psychologie sein, gegen die sich die klassische Soziologie der Durkheim-Schule stellte, denn in der Entwicklung der individuellen Menschen verdichtet sich (wie eine Einschreibung) einerseits die Vergesellschaftung, andererseits replizieren die habitualisierten individuellen Praktiken der Lebensführung die Sozialstruktur und die regulierenden Dispositivordnungen und Subjektivierungsformen, die sich in die Strukturschichtungen von Geist, Seele und Körper der Menschen eingeschrieben haben. Dies bedeutet nicht nur, wie es in der Kölner Tradition der Fall ist, dass Soziologie und Sozialpsychologie zusammengehören, sondern es bedeutet auch und vielmehr, dass die Tiefe des psychodynamischen Innenraums des Menschen mit erschlossen werden muss.

Das Altern ist demnach nicht zu trennen von den Kontexten (und deren – signierender – Einschreibungskraft), in denen es stattfindet. Der Mensch wird, semiotisch gesprochen, zum Signifikaten seiner Signifikate. Beides – Ausdrucksgestalt einerseits und die Genese dieser Performativität andererseits – ist zu verstehen. Sie bilden einen Komplex. Den Raum zu öffnen, bedarf analytischer Perspektiven auf die relevanten Kontexte als Dimensionen des Themenkomplexes. Den geöffneten Raum auszuleuchten, bedarf der

Diskussion bedeutungsvoller thematischer Aspekte, die als Daseinsthemen zu verstehen sind. Entsprechend werden wir den Abschnitt über die Trends des Alters in naher Zukunft in diese beiden Perspektiven – analytische Dimensionen und Daseinsthemen – gliedern.

Bei der Betrachtung und Erörterung des Alters in naher Zukunft geht es auch nicht nur um das Individuum, sondern um dessen Lebensformen. Das Gemeinwohl ist mehr und etwas anderes als die Summe von Merkmalen der Individuen. Es geht vielmehr um die Frage, wie – also in welcher Form als Art und Weise – die Menschen zusammenleben: Leben sie im Miteinander oder im Nebeneinander oder gar im Gegeneinander (Schulz-Nieswandt, 2023o)? Wie steht es um die Formen des Miteinanders? Hier wird man daher nicht die Altersphase der (keineswegs als Ruhestand, sondern als vielfältig tätige) Nachberuflichkeit isoliert betrachten können, sondern immer als im Generationengefüge eingelassen erfassen müssen.

Die relevanten Fragen ergeben sich aus der sozialen Morphologie der Gesellschaft: Wie entwickeln sich die individuellen, aber eben auch vernetzten oder gar gemeinschaftlichen Wohnformen und sodann – gedacht wie ein System konzentrischer Kreise, die im Mikrokosmos des Wohnens ihren Mittel- und Ausgangspunkt haben – das nachbarschaftliche Wohnumfeld, die lokalen und regionalen Räume als Räume der Mobilität und der Teilhabe, der Wirkraum der sozialen Netze, ihrer Knotenpunkte und Lotsenfunktionen, die ganze Ordnung der Gemeinde (Schulz-Nieswandt, 2023b)? Dies ist der Raum der kommunalen Daseinsvorsorge in (wirtschafts- und sozialgeografisch sowie demografisch fassbaren, unterschiedlichen Typen von) Städten und Landkreisen.

5 Grammatik des Alterns und des Alters

Was ist das Alter? Und was ist Altern als das Hineinaltern? Beide Fragen müssen verknüpft werden. Denn das Alter – wie wir sehen werden: in der Vielfalt seiner Gesichter – ist Ausdrucksgestalt des lebenslangen Entwicklungsprozesses, aus dem heraus die Gestalt des Alters zu rekonstruieren ist. Die Vielfalt des Alters resultiert aus der Vielfalt der Formen des Alterns.

Und selbst im Alter entwickelt sich der Mensch nochmals weiter. Er ist von einer bedeutsamen Plastizität – im vorliegenden Zusammenhang eine zentrale anthropologische und folglich entwicklungspsychologische Kategorie – geprägt. Das Werden als ein Wachstum der menschlichen Person begleitet ihn bis in das Sterben als Übergang zum Tod hinein (Kruse, 2021). Doch ist dies alles als ein Möglichkeitsraum zu verstehen. Es kann zu Stagnationen, gar zur Regression kommen. Der Mensch kann daran scheitern, sein Potenzial abzurufen.

Da dies in komplexer Weise mit der kulturellen Einbettung und der sozialen Verkettung des geschichtlich konkreten Menschen in seiner sozialen Welt und ihrer Sozialstruktur (Barth et al., 2023; Weischer, 2022) zu tun hat, also von zeitgeschichtlichen Verhältnissen und von der sozialen Ungleichheit in einer Wirklichkeit der Diversität abhängt, treten wir infolge des Leidens des Menschen auch in den Raum normativer Diskussionen ein.

Die Problematik »Was ist das Alter?« verweist auf die immer wieder gestellte Frage: Ab wann ist der Mensch alt? Die Alternsforschung konnte zeigen, dass es keine fixen Marker gibt (Levy, 2023). Wenn in der sogenannten Hochaltrigkeit (Petzold et al., 2011), worauf wir noch eigens einzugehen haben, die Vulnerabilität deutlich Konturen annimmt, dann gilt auch für diese Altersphase, dass die interindividuelle Varianz hoch ist. Bis in die Gruppe der über 90-jährigen Menschen hinein ist eine hohe interindividuelle Vielfalt in einem breiten Spektrum zu beobachten. Daher gibt es auch in dieser Altersklasse sehr viele in geistiger, seelischer und körperlicher Hinsicht mobile und schöpferische Menschen, aber auch in dramatischer Weise tragische Fälle der Kreatürlichkeit.

Altern ist nicht einfach nur eine Biomorphose als Funktion der Zeit. Die Bedeutung der kulturellen Codierung und sozialen Überformung erkennt man auch im Studium der Wirklichkeit in der Antike (Wagner-Hasel, 2012). Natürlich altert der Mensch als ein biologisches System. Aber der Mensch altert intraindividuell mehrdimensional: körperlich, seelisch, geistig, ökonomisch, sozial, rechtlich. Wir stehen somit auch mit Blick auf die Alternsforschung vor dem Thema »Natur und Kultur«.

Aus der vergleichenden Forschung zur Kulturgeschichte wissen wir um das Phänomen der Altersklassen als Strukturierung des Lebenslaufes. Auch der Wohlfahrtsstaat der modernen Gesellschaft strukturiert den Lebenslauf, verteilt dabei Freiheit, Chancen, Grenzen, Aufgaben, Rollen, Pflichten und

Identitäten (Schulz-Nieswandt et al., 2021b, 2022a) und eröffnet damit auch jeweilige Übergangsräume (Statuspassagen) mit entsprechenden Bewältigungsaufgaben[1]. Trotz aller Variationen ist eine Einteilung in Kindheit/Jugend, mittleres (jüngeres und älteres) Erwachsenenalter und Alter quasi universal.

Die Lebensverläufe sind immer höchst individuell, und dennoch sind sie kulturell codiert (zum Beispiel bezüglich Geschlechterordnungen), sozial strukturiert infolge der sozialen Herkunft und infolge der weiteren lebenszyklischen Platzierung in der Sozialstruktur. Und natürlich spielt auch die genetische Ausstattung eine Rolle. Die Forschung schätzt, dass 60 % der Krebserkrankungen genetisches Pech sind (wobei die Wechselwirkung von Organismus und Umwelt dennoch nicht zu vernachlässigen ist) und zu einem relativ frühzeitigen Tod führen können, während die Alzheimer-Demenz bei über 90-jährigen Menschen mit einer Prävalenz von ca. 35 bis 40 % auf genetischen Dispositionen beruht, aber viele Jahre der Latenz benötigt, bis sie dann vor allem in der Hochaltrigkeit ausbricht. Wenn man so will, tritt die Alzheimer-Demenz, abgesehen von anderen Formen von Demenz, als ein quantitativ bedeutsames Phänomen erst in der Moderne infolge der dynamischen Entwicklung der durchschnittlichen (und der ab einem bereits erreichten höheren Alter zusätzlichen) Lebenserwartung auf. Und wir sind mit der Frage kon-

1 Zum Beispiel der Übergang in den Ruhestand (Reiner, 2023), wobei wir über die Behauptung der »Ruhe« in dieser Altersklasse noch kritisch reflektieren müssen, während sich die ältere These vom Verrentungstod als Artefakt falscher Lesarten der Rentenstatistik erwies.

frontiert, wie wir im Lichte des Naturrechts der personalen Würde mit diesem Phänomen umgehen. Auch darauf müssen wir noch später zurückkommen, da zu fragen ist, warum der Mensch mit Demenz ein Störfaktor im Akutkrankenhaus ist. Warum können wir die Demenz, die zum Menschen gehört, also Teil seiner eigenen Persönlichkeit ist, nicht positiv akzeptieren (Tewes et al., 2023)?

Überhaupt ist die dualisierende Art, wie wir von Natur und Kultur sprechen, nicht unproblematisch und wird neuerdings auch wieder sehr kritisch betrachtet. Der Biologe Adolf Portmann (Schulz-Nieswandt, 2023a) sprach vom Menschen als »Naturwesen mit Geist«. Wir leben nicht nur im Allzusammenhang der Natur, sondern sind – als Säugetier – selbst Teil der Natur, haben unsere je eigene Natur. Wenn wir über die genetischen Unterschiede zu Fliegen oder Mäusen reden, reden wir über 1 % Genom-Unterschiede. Aber dieses eine Prozent macht den Unterschied. Ameisen und Bienen bauen, wie sie eben bauen: so und nicht anders. Der menschliche Baumeister (m/w/d) geht in Schulen, besucht Kunst- und Architekturakademien und streitet (mitunter heftig) über Schönheit und Vielfalt denkbarer und wählbarer Formen. Dieser Freiheitsgrad der Menschen war schon das zentrale Thema der antiken Philosophie und des beginnenden Geschichtsdenkens, aber immer im Kontext eines unverrückbaren Schicksals, das mit dem Walten der Götter und Göttinnen in Verbindung gebracht wurde. Heute – im Anthropozän (Dürbeck et al., 2022; Bühler, 2016), also in der evolutionären Epoche, in der der Mensch zur dominanten Spezies im globalen Weltzusammenhang geworden ist – geht es um die Bindung und Begrenzung einer grenzenlosen Freisetzung des

Menschen als Subjekt einer gewaltsamen und ausbeutenden Aneignungshaltung und Instrumentalisierung der Natur und des Mitmenschen. In dieser Kritik der sogenannten Hybris eines bis zum Wahn destruktiv verstiegenen Narzissmus konvergieren die Kulturkritik des Sozialkonservatismus und die Kritische Theorie, die Kapitalismuskritik auf psychodynamischer Grundlage betreibt (Schulz-Nieswandt, 2023k). Da das Thema des Alterns immer auch in das Thema der Generationenverhältnisse eingelassen ist, werden wir später auch noch über dieses Problem der Lebenschancen zukünftiger, bereits geborener oder auch erst demnächst geborener Generationen nachdenken müssen (auch verfassungsrechtlich: Pernice-Warnke, 2023). Nicht nur die Lebensqualität eines »guten Lebens« des heutigen Alters oder des Alters der nahen Zukunft ist ein Thema der Rechtsphilosophie und der Ethik, sondern auch die Frage des Prinzips der advokatorischen Verantwortung für die weitere Zukunft, in die die jetzt lebenden Generationen soziale Kosten als negative Externalitäten verschiebt. Wir leben heute und mit Blick auf die Zukunft auf Kosten Dritter. Die privaten Kostenrechnungen fallen kleiner aus als die kollektiven Kosten, die auf Viele im Zuge einer öffentlichen Diffusion der Effekte verteilt werden.

Der Mensch als »Naturwesen mit Geist« verweist auf die komplexe Leiblichkeit des Menschen in seiner Strukturschichtung von Geist, Seele und Körper. Das sind bereits drei fundamentale Dimensionen des Alterns. Dabei steht der Mensch im Austauschverhältnis, also in einer transaktionalen Ordnung, mit seiner Sozialwelt, in der er mit der Geburt eingelassen ist (existenzphilosophisch: »geworfen« wurde), und mit seiner natürlichen Umwelt, in der er eingestellt ist.

Er merkt diese Um-Welt. Und er wirkt auf diese Um-Welt. Es kommt zu einer Wechselwirkung bzw. einem Kreislauf von Merkwelt und Wirkwelt (Schulz-Nieswandt, 2023a).

Wird der Mensch in die Welt geworfen, benötigt er, wie es Adolf Portmann nannte, eine sehr lange extrauterine Embryonalphase. Er entwickelt sich im Zuge von Erziehung und Sozialisation über eine sogenannte zweite, soziokulturelle Geburt. Das Naturwesen Mensch altert demnach infolge seiner Erziehungsbedürftigkeit und Erziehungsfähigkeit – als erfahrene Eltern neigt man hierbei oftmals zur anzweifelnden oder verzweifelten Problematisierung dieses erziehungsphilosophischen Theorems – sowie seiner Kulturbedürftigkeit und Kulturfähigkeit. Die alten Griechen nannten dies die »Paideia«: die Formung (des Sozialcharakters) der Person in der Gemeindeordnung der Polis.

In der Alternsforschung haben wir es demnach mit diesem besonderen Naturwesen zu tun: dem vergesellschafteten Menschen. Die modernen Kulturwissenschaften sprechen von einer Vielfalt der Subjektivierungsformen, weil die Menschen weltweit (und auch in der Geschichte zurückblickend) unterschiedlichen (epochalen und zeitgeschichtlich konkretisierten) Regimen als Regierungskunst von Wahrheit und Diskursen, Ideen und Wissen, Weltbildern und Institutionen etc. ausgesetzt sind. Der Mensch muss seine Freiheit eben ordnen, und er gibt sich Wirtschafts- und Sozialordnungen, Geschlechterordnungen, Siedlungsstrukturordnungen, Zeitordnungen, Moralordnungen, Rechtsordnungen, ästhetische Ordnungen und eben auch Generationenordnungen sowie Altersstrukturordnungen.

Der Anthropologe Arnold Gehlen (2016) bezeichnete

den Menschen als ein »biologisches Mängelwesen«. Er hat damit mit einem falschen Begriff das Richtige ausgesagt. Der Mangel bezieht sich auf die fehlende Determiniertheit des Menschen, die Gehlen als Mangel an Instinktgebundenheit bezeichnet. Dieser Mangel ist aber die evolutionäre Stärke des Menschen: Er ist, wie es Friedrich Nietzsche (1988) nannte, das »nicht festgestellte Tier«. Der Mensch hat die Freiheitsgrade, sein Verhalten infolge von Reflexionen und Metareflexionen (Einnahme der »exzentrischen Positionalität«) und veränderten Situationen anzupassen und/oder seine Situationen als Konstellationen seiner Umwelt zu verändern. Dem liegen komplexe Lernprozesse zugrunde. Diese kulturellen Leistungen der Selbstveränderung und der Umweltgestaltung füllen die Lücke des Mangels an Instinktgebundenheit, also der genetischen Verhaltensfixierung.

Jetzt wird jedoch nochmals klarer, warum der Dualismus von Natur und Kultur ein problematischer binärer Code ist: Die Kultur ist Teil der menschlichen Natur. Der Mensch ist eben Naturwesen mit Geist. Er sei, so die aristotelische Tradition, ein politisches Tier *(zoon politikon)*. Er sei, so die Aufklärungsphilosophie Kants, ein *animal rationale* (also ein durch Erziehung zur Vernunft fähiges rationales Tier). Der Mensch ist aber auch ein *homo symbolicus*, also ein Wesen, das sich in staunender Ehrfurcht der Erhabenheit des Schönen oder sich als *homo religiosus* dem Numinosen (als Phänomen zwischen Abschreckung und Faszination) hingeben kann. Und er ist selbst zum Schöpferischen fähig: also ein *homo creator*. Die durchaus sinnvollen und zweckmäßigen Möglichkeiten weiterer »Homo-Epitheta« ist lang. Sie ergänzen sich, widersprechen sich zum Teil, aber oftmals in der Weise, dass es eben um die kulturgrammatische und psychodynamische Polaritätsstruktur der *conditio humana* (Schulz-Nieswandt, 2023o) geht.

Zurück zur Gerontologie: Dieses Spannungspotenzial zwischen Vulnerabilität einerseits und dem Schöpferischen bis in das hohe Alter hinein andererseits hat Andreas Kruse (2014, 2017, 2023) in überaus eindrucksvoller Art und Weise herausgearbeitet.

Der Mensch fristet also nicht einfach seine Existenz und ergibt sich nicht reflexionslos einer Biomorphose, die ihn zur Marionette einer Sanduhr macht. Vielmehr versucht er, sein Altern zu gestalten, indem er als geschichtliches Wesen seinen Lebenslauf als aktiven Vollzug von Selbstentwürfen zum Gegenstand seiner Sorgearbeit macht. Auf die Chance zur Fähigkeit und Möglichkeit dieser Freiheit bezieht sich die Problematik der sozialen Ungleichheit, die Menschen von dieser humangerechten Art und Weise der Daseinsführung als Gestalt-Bildung des eigenen Selbst in der responsiven Mich-Erfahrung des vorgängigen Du des Mitmenschen und angesichts der einbettenden Vorgängigkeit der Natur systematisch ausschließt (Schulz-Nieswandt, 2023c).

Eingebettet in die verschiedenen Kulturen als Ordnungen der Freiheit des Menschen im Lebenslauf altert der Mensch eben biologisch, aber auch ökonomisch, sozial, kulturell, geistig, seelisch, rechtlich etc. Dabei ist die Differenz zwischen der Idee des ökonomischen Fortschritts und der Idee des sozialen Fortschritts bedeutsam. Der ökonomische Fortschritt muss wegen der Ressourcenabhängigkeit der Sorge um die Freiheit als notwendige funktionale Voraussetzung des eigentlichen, sozialen Fortschritts betrachtet werden. Dieser soziale Fortschritt fokussiert auf das gelingende Selbst-Sein in der Form des sozialen Mit-Seins in Oikos und Polis, eingebettet in den Kosmos als ein nachhaltiges Gleichgewicht des Naturzusammenhangs. Das gelingende Selbst-Sein im Modus des sozialen Mit-Seins, auf das wir nochmals als Idee der sozialen Freiheit in gemeinsamer Verantwortung des Miteinanders zurückkommen werden, ist auch der Kern eines guten Lebens im Alter. Selbst-Sein und Mit-Sein sind die zwei entscheidenden existenzphilosophischen (und, im Fall des Misslingens, psychotherapeutischen) Kategorien, um den Korridor eines im personalistischen Sinne gelingenden Alterns zu bestimmen und ihn als Raum von Selbsttranszendenz als Befähigung zur Weltoffenheit hin zu verstehen (Leitner-Schweighofer, 2009).

Es geht also um Lebenslagen (Schulz-Nieswandt et al., 2021b) als ressourcenabhängige Möglichkeitsräume der Entfaltung der menschlichen Persönlichkeit in der Zeitlichkeit des Lebenslaufes. Verschiedene Ressourcenarten sollten hierzu unterschieden werden. Lebenslagen – in der Theorietradition der Kölner Gerhard-Weisser-Schule stehend – sind ressourcenabhängige mehrschichtige bzw. mehrdimensionale und aspektreiche Handlungsspielräume, in der die menschliche Person transaktional mit Blick auf die Chancen der Selbstentfaltung (§ 1 SGB I in Verbindung mit dem auf das weitere Hineinaltern bezogene § 71 SGB XII) eingebunden ist. § 1 SGB I lautet:

> »(1) Das Recht des Sozialgesetzbuchs soll zur Verwirklichung sozialer Gerechtigkeit und sozialer Sicherheit Sozialleistungen einschließlich sozialer und erzieherischer Hilfen gestalten. Es soll dazu beitragen, ein menschenwürdiges Dasein zu si-

chern, gleiche Voraussetzungen für die freie Entfaltung der Persönlichkeit, insbesondere auch für junge Menschen, zu schaffen, die Familie zu schützen und zu fördern, den Erwerb des Lebensunterhalts durch eine frei gewählte Tätigkeit zu ermöglichen und besondere Belastungen des Lebens, auch durch Hilfe zur Selbsthilfe, abzuwenden oder auszugleichen.

(2) Das Recht des Sozialgesetzbuchs soll auch dazu beitragen, daß die zur Erfüllung der in Absatz 1 genannten Aufgaben erforderlichen sozialen Dienste und Einrichtungen rechtzeitig und ausreichend zur Verfügung stehen.«

In § 71 SGB XII lautet es:

»(1) Alten Menschen soll außer den Leistungen nach den übrigen Bestimmungen dieses Buches sowie den Leistungen der Eingliederungshilfe nach Teil 2 des Neunten Buches Altenhilfe gewährt werden. Die Altenhilfe soll dazu beitragen, Schwierigkeiten, die durch das Alter entstehen, zu verhüten, zu überwinden oder zu mildern und alten Menschen die Möglichkeit zu erhalten, selbstbestimmt am Leben in der Gemeinschaft teilzunehmen und ihre Fähigkeit zur Selbsthilfe zu stärken.

(2) Als Leistungen der Altenhilfe kommen insbesondere in Betracht:

1. Leistungen zu einer Betätigung und zum gesellschaftlichen Engagement, wenn sie vom alten Menschen gewünscht wird,
2. Leistungen bei der Beschaffung und zur Erhaltung einer Wohnung, die den Bedürfnissen des alten Menschen entspricht,

3. Beratung und Unterstützung im Vor- und Umfeld von Pflege, insbesondere in allen Fragen des Angebots an Wohnformen bei Unterstützungs-, Betreuungs- oder Pflegebedarf sowie an Diensten, die Betreuung oder Pflege leisten,
4. Beratung und Unterstützung in allen Fragen der Inanspruchnahme altersgerechter Dienste,
5. Leistungen zum Besuch von Veranstaltungen oder Einrichtungen, die der Geselligkeit, der Unterhaltung, der Bildung oder den kulturellen Bedürfnissen alter Menschen dienen,
6. Leistungen, die alten Menschen die Verbindung mit nahe stehenden Personen ermöglichen.

(3) Leistungen nach Absatz 1 sollen auch erbracht werden, wenn sie der Vorbereitung auf das Alter dienen.

(4) Altenhilfe soll ohne Rücksicht auf vorhandenes Einkommen oder Vermögen geleistet werden, soweit im Einzelfall Beratung und Unterstützung erforderlich sind.

(5) Die Leistungen der Altenhilfe sind mit den übrigen Leistungen dieses Buches, den Leistungen der örtlichen Altenhilfe und der kommunalen Infrastruktur zur Vermeidung sowie Verringerung der Pflegebedürftigkeit und zur Inanspruchnahme der Leistungen der Eingliederungshilfe zu verzahnen. Die Ergebnisse der Gesamtplanung nach §58 sowie die Grundsätze der Koordination, Kooperation und Konvergenz der Leistungen nach den Vorschriften des Neunten Buches sind zu berücksichtigen.«

Es sind also verschiedene Ressourcenarten im Prozess des Alterns zu unterscheiden. Diese Unterscheidung spielt in interindividueller wie auch in intraindividueller Perspektive eine Rolle, um die Variationen des Alterns und somit die Genese der lebenslagenphysiognomischen Vielfalt des Alters zu verstehen.

Ökonomisches Altern: Wie steht es im Lichte der Erwerbsbiografie und der Dynamik der Erbschaften um das Einkommen und Vermögen im Alter? Reichtum und Armut im Alter werden zu einem Thema, und dies sowohl als ein individuelles Erfahrungserlebnisgeschehen als auch kollektiv als ein Diskursthema der Gesellschaftspolitik.

Soziales Altern: Über welche sozialen Netze verfügt der Mensch – noch – im höheren Alter? Noch, denn seine Biografie war immer auch eine Netzwerkbiografie (Familie, Verwandtschaft, Freundschaft, Nachbarschaft) im Wandel. Dabei stellt sich in der Hochaltrigkeit die Frage, ob noch belastbare Netze verfügbar sind, denen man auch Aufgaben zumuten kann.

Wir werden hier eine Schlüsselfrage der Alternsforschung und der Alternspolitik erkennen können und als Schlüsselfrage der gestaltenden Gesellschaftspolitik der Sozialraumentwicklung erlernen müssen.

Geistiges Altern: Wie steht es um die kognitive Fähigkeit im Alter? Das existenzielle Alltagsdrama der von der funktionellen Hirnleistungsstörung der Alzheimer-Demenz betroffenen Menschen und deren sozialen Netze ist weiter oben bereits in paradigmatischer Weise, wenngleich nur exemplarisch, angesprochen worden. Man könnte auch über das Altern von Menschen mit angeborenen (oder sehr früh erworbenen) Behinderungen sprechen. Die durchschnittliche Lebenserwartung von Menschen mit dem sogenannten Down-Syndrom ist in den letzten Jahren überaus deutlich angestiegen.

Sprechen wir hierbei genetisches Pech an, so zeigt die Forschung, welche Schlüsselrolle die erworbene, aber eben über soziale Mechanismen gesellschaftlich verteilte/zugeteilte Bildung (und somit die entsprechende Bildungsungleichheit) für das kompetente Alter hat.

Nicht nur das ökonomische Kapital und das soziale Kapital (die Wirkungen der Netzwerke mit Blick auf Unterstützung, Integration und Persönlichkeitsentwicklung) im Lebenslauf prägen die Lebenssituation im Alter, sondern eben auch das kulturelle Kapital der Bildung, das wiederum mit der ökonomischen Biografie und der sozialen Herkunft zusammenhängt.

So geht es bei der geistigen Entwicklung nicht nur um das Humankapital mit Blick auf die Einkommens- und Vermögensbildungen infolge von Erwerbsarbeit und Erbschaft, sondern auch um allgemeine alltagsbezogene Daseinskompetenzen. Adolf Portmann darf nochmals herangezogen werden, da er schrieb, das Tier müsse seine Existenz fristen, der Mensch müsse jedoch sein Dasein führen. Dies spiegelt die politische Charaktereigenschaft der menschlichen Natur wider: Seine Freiheit bedeutet die unausweichliche Notwendigkeit, Entscheidungen zu treffen. Dies war die Kernidee der politischen Philosophie von Hannah Arendt (2018), und sie findet sich, existenzialistisch anders positioniert und wohl auch in seinsvergessener Art und Weise zu voluntaristisch, auch im Denken von Jean-Paul Sartre. Diese Entscheidungen können gut oder böse, richtig oder falsch sein. In welchem Geist nutzt er diese Freiheit?

Der Mensch, und hier kommen wir in den schwierigen Abgrenzungsbereich von Geist und Seele auch mit Blick auf

Religiosität oder allgemeiner mit Blick auf Spiritualität, ist hier in seiner ganzen Komplexität zu beachten. Die Ambivalenz des Religiösen (Zwingmann et al., 2017) ist bekannt und wird nach wie vor kontrovers problematisiert. Wir wissen um die neurotischen Formen des Religiösen und um ihre Steigerungen hin zum gewaltsamen Wahn. Damit betreten wir den Raum der Soziologie und Psychodynamik des Ideologischen. Doch Religiosität kann, religionsgeschichtlich betrachtet, auch Träger der Urkraft aller Kräfte sein: die Liebe. Diskutieren wir die Liebe weniger im Kontext moderner Romantik, sondern als Kraftquelle der sozialen Gerechtigkeit auf der Grundlage empathischer Solidarität, so wird uns dieses Phänomen noch begegnen, wenn wir uns visionären Fragen der Alternspolitik (nicht nur der Langzeitpflegepolitik: Schulz-Nieswandt et al., 2021a) als Teil der Sozialpolitik im Rahmen der gestaltenden Gesellschaftspolitik stellen müssen.

Spiritualität verweist uns auf Theorien (und auf empirische Befunde) des »Sinn«-haltigen Alterns als ein daseinsbejahendes Altern im quasi-pneumatischen Lichte eines orientierenden Sinnhorizonts (Korsch, 2019). Das Leben ist eben ein Wagnis – die Odyssee von Homer steht hier Pate als Erzählung des Lebens in der Metapher der abenteuerlichen Reise, an der der Mensch scheitern kann – und bedarf der Tugend des Mutes zum »Daseins-Ja« als Haltung. Es geht um ein entsprechendes Weltverhältnis, das ermöglicht, dass sich der Mensch zur Selbsttranszendenz öffnet (Schulz-Nieswandt, 2023k). Und passend kann hier Antoine de Saint-Exupéry zitiert werden: »Auf die Haltung kommt es an!«

Damit ist keine oberflächliche Heiterkeit gemeint. Die Daseinsfreude kann auch in der kreativen Melancholie, die jedoch nicht umkippen darf in eine depressive Grundgestimmtheit, verankert sein. Die Sinnhaftigkeit des eigenen Daseins und die damit verbundene Daseinsfreude ist eine Kerndimension des Kohärenzgefühls, das ferner die Verstehbarkeit und die auf Gestaltung abstellende Machbarkeit umfasst. Eng mit der Resilienz (seelische Widerstandskraft, zum Beispiel angesichts kritischer Lebensereignisse, aber auch angesichts der allgemeinen Stressbelastung: Staats & Steinhaußen, 2021) zusammenhängend, hat eine weltoffene und die eigene Selbsttranszendenz fördernde Spiritualität einen positiven Effekt auf ein gelingendes, mit Wohlbefinden verknüpftes Altern, vor allem auch dann, wenn das Altern eingebunden ist in gelingende soziale Beziehungen.

Die breit diskutierte Idee einer narrativen Identität kann helfen, hier nun besser zu verstehen, wie der Mensch im Lebenslauf als seine je eigene Geschichte verstrickt ist mit den Geschichten anderer Menschen. Dies gilt aber im guten wie im schlechten Sinne: Eine unbrüchige und nicht von Ambivalenzen geprägte Bindungserfahrungsgeschichte im Aufwachsen – man schaue einmal in die UN-Grundrechtskonvention Kinder betreffend (Recht auf Umwelten des gelingenden Aufwachsens in Familien, die von Liebe, Empathie, Vertrauen, Geborgenheit etc. geprägt sind) – ist der eine Pol des Spektrums der Möglichkeiten, der andere Pol verweist auf Trauma-Biografien mit der Folge von Persönlichkeitsstörungen. »Der Mensch ist eben« – wie es Antoine de Saint-Exupéry formulierte – »der Knotenpunkt seiner sozialen Beziehungen«.

Früh schon – mit der frühen Kindheit des transaktionalen Naturwesens mit Geist einsetzend – wird das weitere Altern gebahnt, eben nicht nur von der Genetik, sondern im Zuge der zweiten, soziokulturellen Geburt in dieser langen extrauterinen Embryonalphase. Und wenn Erich Kästner einst schrieb, die Erwachsenen würden ihre Kindheit vergessen und sie wie alte Mäntel ablegen und dergestalt keine wahren Menschen werden, so meint er glückliche Kindheiten und reflektiert als psychodynamischen Subtext wohl seine eigene Bindung zur Mutter. Die Regulierung der psychodynamischen Polarität von Nähe und Distanz, von Offenheit und Verschlossenheit, von Urvertrauen und Urangst dürfte eine Schlüsselfrage des erfolgreichen Alterns sein. Die Prekarität von Familienverhältnissen des Aufwachsens (in ökonomischer und kultureller Armut, im beengten Wohnraum, im Erfahrungskontext von Formen der Gewalt etc.) verweist uns zugleich auf die soziologische Sicht der Sozialforschung. Die seelische Entwicklung ist immer vergesellschaftet durch die soziale Herkunft und durch die Platzierung in der Sozialstruktur der Gesellschaft.

Daher darf in diesem Lichte ein drittes Mal Antoine de Saint-Exupéry zitiert werden: »Nur mit dem Herzen sieht man gut!« Das Herz als Metapher für eine nicht auf Geist im Sinne der Vernunft reduzierbaren Seele verdeutlicht die Bedeutung einer liebenden Weltoffenheit für ein gutes Leben und für ein gelingendes Altern. Die Kraft, die Odysseus am Leben hielt, war seine Sehnsucht nach Penelope auf seiner Heimatinsel Ithaka. Obwohl Odysseus' Sehnsucht noch in der Moderne auf die solidarische Idee des Wohlfahrtsstaates und seiner zivilgesellschaftlichen Fundierung verweist (wir werden auf die Bedeutung des Sittengesetzes in Art. 2 GG im Lichte der *inherent dignity* in Art. 1 GG noch eingehen), schafft es der listige Odysseus aber nicht ohne fremde Hilfe. Unter Mithilfe des Hermes, der sowohl Begleiter der Reisenden wie auch Totengott ist, hing das Schicksal von Odysseus an der liebenden Zuneigung der Göttin Athena. Wenn sich der Mensch – hier als *homo ludens* verstanden – mit Mut auf das dramatische Spiel des Lebens einlassen soll, so sollte es aber nicht das Spiel als Casino-Geschehen sein. Der Mensch muss zur Daseinsführung befähigt werden: Dies betrifft nicht nur seine Fähigkeiten als subjektive Seite des Geschehens, sondern auch die objektive Seite der Möglichkeitsräume des Gelingens des Geschehens. Und hier betreten wir den Raum der gestaltenden Alternspolitik, von der das Wohlergehen der vielen Altersgestalten ebenso abhängt. Auf einen hinreichend komplex gedachten *Capability*-Ansatz sowie auf die problematisierbare Idee investiver und aktivierender Sozialpolitik ist später unbedingt nochmals zurückzukommen.

Erfolgreiches Altern mag als Idee eine Selbstkonzeption des Menschen in entschlossener Orientierung auf die Zukunft hin sein – ein Münchhausen-Effekt wird dem Menschen aber nicht gelingen. Der Mensch kann sich nicht gegen die Gravitationskraft der sozialen Herkunft und allokativer Ungerechtigkeiten der Lebenslagenverteilung der sozialen Wirklichkeit am eigenen Schopfe aus einem Schicksalszusammenhang herausziehen. Es sind – wenngleich unter Mitwirkung des eigenen Selbst (vgl. etwa § 1 SGB V und § 6 SGB XI) – immer die Mitmenschen, die notwendig sind, um ein gutes Leben führen zu können.

Die Bedeutung des »Willens zum Sinn«, wie er von Viktor Emil Frankl (2017) als transzendentale, also das Leben ermöglichende Kategorie (Längle, 2021) verstanden wurde, wird bedeutsam, wenn wir später nochmals zurückkommen auf die zwei großen Daseinsthemen im hohen Alter (Kruse & Schmitt, 2022): (1) die Generativität als Bedürftigkeit (aus der Angst vor dem »sozialen Tod« heraus) und (2) die Endlichkeit, die mit Blick auf die Sinn-Frage des Daseins die oftmals qualvolle Aufgabe der Selbstbilanzierung des je eigenen Lebens aufwirft. Es geht also eher darum, glücklich zu altern statt Anti-Aging-Ideologien zu inkorporieren (Sprakties, 2019).

Mit der Geburt (eigentlich schon mit der Zeugung) beginnt das konkrete Leben als – wie es Martin Heidegger (2006) nannte – »ein Sein zum Tode hin«. Der Tod ist jedoch nicht der Sinn des Lebens, er ist eher die transzendentale Voraussetzung des Lebens, das nun aber vielmehr auf das Prinzip der »Natalität« von Hannah Arendt (2020) hinweist, also auf die Fähigkeit, im Leben einen Anfang zu machen, aus dem heraus sodann Entwicklung möglich wird. Dieser Anfang hat aber eben auch das Ende (die Mortalität) zu seiner transzendentalen Voraussetzung, denn erst so wird die Lebensspanne definierbar. Man könnte nun argumentieren: Gerade, weil das Leben unvermeidlich endlich ist (deshalb endet die Liebesgeschichte von Orpheus und Eurydike zwingend so tragisch) und weil der Mensch nicht die Langeweile der Ewigkeit besitzt, treibt ihn das (sofern nicht verdrängte) Wissen um die Endlichkeit zur Sinnsuche des *homo viator* als Bemühung um Sinnerfüllung der Lebensspanne.

Die Chancen auf ein sinnerfülltes Leben durch die Wahl einer Form des Lebens als Daseinsführung ist jedoch gesellschaftlich überaus ungleich verteilt. Diese allokative Ungerechtigkeit werden wir in der Vielfalt der Gesichter des Alters wiederfinden. Die mehrfach zitierte Vielfalt der Gesichter des Alters, die von der Vielfalt der Verlaufsformen des Alterns abhängen, ist eine Heterogenität und Diversität, die uns jedoch auf einen bestimmten Zusammenhang von Ungleichheit und Differenzierung verweist (Hericks, 2021; Stadelbacher & Schneider, 2020).

Was ist genau gemeint? Jede soziale Ungleichheit ist eine soziale Differenzierung, aber nicht jede soziale Differenzierung ist auch eine soziale Ungleichheit. Ungleichheit liegt vor, wenn sie zu einer sozialen Ausgrenzung führt, die die Selbstbestimmung, Selbstständigkeit und Teilhabe der Menschen über das unvermeidbare Maß – denn menschliche Autonomie ist immer nur eine bedingte Freiheit, die sich den Grenzen der *conditio humana* fügen muss – hinaus beschneiden. Das Mindestmaß an bedingter Freiheit ist durch personale Würde nach unten hin nicht zu unterschreiten, nach oben hin geht es nicht nur um das ökonomische Mindesteinkommen als Teilhabe an ökonomischen Gütern, sondern um soziale, kulturelle und politische Teilhabe, um ein gutes Leben zu ermöglichen. Nicht nur der Körper – wir werden es mit Blick auf die Langzeitpflegeproblematik sehen – soll sauber, satt und sicher sein, sondern Geist und Seele sind zu aktivieren, das Entwicklungspotenzial angesichts der Plastizität des Menschen ist zu aktualisieren, zu wecken, zu fördern und zu entfalten.

In diesem Sinne ist der maßgebliche, auf Art. 2 GG vor dem Hintergrund des Art. 1 GG bezogene § 1 SGB I zu interpretieren. Und dergestalt ist der § 71 SGB XII, der eine Förderung des gelingenden Hineinalterns zum Thema hat, nicht eine freiwillige soziale Leistung, sondern eine Pflichtaufgabe kommunaler Daseinsvorsorge. Doch diese Hinweise führen uns bereits zu Fragen der Alternspolitik.

Erwünscht ist im Alter jene Heterogenität, die als Diversität im Sinne der gegenseitigen Wertschätzung als respektvolle Achtung der Vielfalt von Andersheiten als Kultur der Anerkennung diskutiert wird, deren Toleranz allerdings begrenzt ist durch das Menschenrecht auf personale Würde und die allseitige Einhaltung der Grundrechte im Sinne des Sittengesetzes. Auf diese »juridische Substanz« als Schnittmenge von Moral und Recht werden wir nochmals zurückkommen müssen. Hier dient die Nennung nur der Unterscheidung von erwünschter inklusiver Diversität einerseits und der in der sozialen Exklusion ausmündenden sozialen Ungleichheit, die problematisierungsbedürftig ist, andererseits.

Halten wir einige Punkte im Sinne eines Zwischenfazits fest. Das Alter ist in seinen Formen der Ausdruck der Differenzierungen der Verlaufsformen des Alterns, also Resultat kulturell codierter und sozial strukturierter Biografien. Die interindividuellen Differenzierungen transportieren die Unterschiede der Platzierung in der Sozialstruktur inklusive der möglichen sozialen Aufstiegs- oder Abstiegsprozesse in die Lebenslagenverteilung im Alter.

Interindividuelle Varianz: Das Alter ist von einer hohen interindividuellen Varianz geprägt, sodass es nicht sinnvoll ist, das Alter chronologisch oder kalendarisch zu fassen.

Grenzen einer chronologisch-kalendarischen Altersdefinition: Auch der Eintritt in die Alterssicherung als Übergang der Erwerbsphase des Lebens in die nachberufliche Lebensphase ist kein geeigneter Marker, weil es auch transferabhängige Menschen außerhalb einer Arbeitsmarktpartizipation während des ganzen Lebenslaufes gibt und auch Formen der Erwerbstätigkeit nicht nur aus Gründen der Altersarmut oder fehlender Einkommensersatzfunktion im Sinne der Lebensstandardfortsetzung nach Eintritt in die Alterssicherung zunehmen, zumal die Forschung über freiwilliges bürgerschaftliches Engagement in verschiedenen Erscheinungsformen auf die Engführung des Begriffs der Arbeit verweist und andere Formen der Tätigkeit jenseits des Erwerbsarbeitsmarktes ausgrenzt. Der Begriff der Produktivität ist mit Blick auf andere Engagementformen in der Forschung umstritten, könnte er doch auf eine Ökonomisierung oder gar auf einen Ökonomismus als Instrumentalisierung der Menschen hinweisen (Stückler, 2024; Aner & Schroeter, 2021). Auch hier gilt, dass wir auf die angesprochene Problematik des sogenannten wohlverdienten Ruhestandes zurückkommen werden.

Intraindividuelle Varianz: Die Menschen altern mehrdimensional. Man könnte auch von der Biografie als Akkumulation von ökonomischem, kulturellem und sozialem Kapital sowie von der Akkumulation von Gesundheitskapital sprechen. Hierbei kann es zu verschiedenen gemischten Kombinationen (+;–) kommen. Dazu gehören auch die Möglichkeiten einer positiven (+;+) wie negativen (–;–) Kumulation. Tragisch ist das Drama eines Alters in der kumulativen Defizitsituation: Gemeint ist das gemeinsame und zeitgleiche Auftreten von kognitiver Beeinträchtigung, Pflegebedürftigkeit, Altersarmut, unselbständigem Wohnen, Einsamkeit, Netzwerklosigkeit, fehlender Infrastruktur im Wohnumfeld etc. Dies ist im Kontrast zur Möglichkeit eines mehrdimensionalen Wohlergehens zu sehen.

Angemerkt sei aber auch, dass es ferner zu sogenannten

Wohlstandsparadoxien kommen kann, wenn man die objektiven Befunde korreliert mit den Wahrnehmungsmustern subjektiver Einschätzungen. Vereinfacht und zugespitzt formuliert: Obwohl es einem Menschen objektiv gut geht, mag es ihm subjektiv schlecht gehen, und umgekehrt mag es einem Subjekt subjektiv gut gehen, obwohl es ihm objektiv schlecht geht. Dabei geht es nicht um den Effekt einer Depression einerseits und andererseits nicht um eine Form der asketischen Vergeistigung. Die Phänomene verweisen vielmehr auf Vergleichskonzepte in Raum und Zeit. Die Erfahrung, dass es früher alles nochmals schlimmer war, kann hier solche Effekte ebenso erzeugen wie ein Bezugsgruppenvergleich: Anderen geht es viel schlechter oder besser.

Prägehorizonte: Kohorten, das heißt mehrere eng aneinander liegende Jahrgänge, werden vom Aufwachsen in Zeiten kollektiv geteilter Erfahrungswelten (Kriegszeit, Nachkriegszeit, Wohlstand in Friedenszeiten) geprägt. Interne Differenzierungen ergeben sich aus den Unterschieden in der sozialen Herkunft. Bildung, Beruf, Einkommen und Vermögen der Eltern spielen hier eine Rolle. Diese Sozialschichteffekte oder gar Klassenlagen können nochmals besondere Ausprägungen im Kontext von Migration und Flucht annehmen. Hier wird man allerdings auch die Veränderungen in der Sozialisation und in der sozialen Mobilität in den Folgegenerationen beachten müssen. Neben der sozialen und kulturellen Herkunft spielen die Geschlechterordnungen eine bedeutsame Rolle. Ein klassisches Thema ist die Altersarmut von Frauen (als Mütter) ohne eigene Erwerbsarbeits- und somit Rentenversicherungsbiografien im Kontext von Familien mit männlichen Brotverdiener-Rollen (Rau, 2024).

Altern als Mechanismus: Altern ist zwar abbildbar (wie eine mehr oder eben weniger große und entsprechend gefüllte Sanduhr) als Funktion der Zeit, aber nicht einfach nur eine Biomorphose als kausale Funktion der Zeit. Die Genetik spielt eine grundlegende Rolle, ebenso das Aufwachsen in sozialen Kontexten und die weitere Lebenslagenentwicklung, also die Ressourcenausstattungen, über die Menschen verfügen, um ihre Entwicklungsaufgaben als Herausforderungen im Lebenslauf zu bewältigen. Abstrakt formuliert: Es geht um das Altern auch als Funktion von positiven (salutogenetischen: Mittelmark et al., 2022) Gleichgewichten oder negativen (pathogenetischen) Ungleichgewichten zwischen Stress und Stressbewältigung.

Die ressourcentheoretische Sicht macht deutlich, wie wichtig der Zugang zu ökonomischem, sozialem und kulturellem Kapital auch mit Blick auf das (seelische und körperliche, eben auch psychosomatische) Gesundheitskapital ist. Daher überrascht der weltweite Befund nicht: Morbiditätsbiografien und Mortalitätsrisiken sind in massiver Weise sozial ungleich verteilt. Die Lebenserwartung, abhängig von der sozialen Klassenlage in relationaler Hinsicht, ist umso höher, je höher die Bildung als Schlüsselvariable in einem Struktur-Funktionsgefüge mit Arbeit, Familie, Wohnen, Wohnumfeld, Infrastruktur, Einkommen und Vermögen etc. ist (Franzese, 2020).

Im globalen Vergleich spielen genetische Unterschiede durchaus eine Rolle, wie auch die weltweit beobachtbaren Unterschiede in der Lebenserwartung zwischen Frauen und Männern genetische Ursachen aus der Evolution heraus nahelegen. Die Erforschung der Langlebigkeit ist eine faszinierende Facette in der Gerontologie. Mit dem Begriff der Langlebigkeit (vereinfacht, aber auch wiederum einen weitgehend beliebigen kalendarischen Marker nutzend, gesagt: die über 100 Jahre alten Menschen) komme ich nach diesem Zwischenfazit, welches bereits einige neuere Aspekte andeutet, zu einer wichtigen weiteren Differenzierung.

Im Kontext der gesetzlichen Verrentungs- bzw. Pensionierungsgrenzen unterscheiden wir die jungen Alten (besungen von Udo Jürgens, das Leben finge ja überhaupt erst mit 66 Jahren richtig an) von dem höheren und dem hohen Alter (Hochaltrigkeit) und sodann den Langlebigen. Von den sogenannten neuen Alten (van Dyk & Lessenich, 2009) sprechen wir als »Sozialfigur« infolge von Kohorten-Effekten, die insbesondere, aber nicht nur, eine höhere durchschnittliche Bildung im Alter mittransportieren sowie neue Kompetenzprofile und neue Rollenbilder innehaben. Auch hat sich in diesem Zuge eine markante Seniorenmarkt-Ökonomie herausgebildet. Dazu gehören nicht nur die funktionsdefizitorientierten Märkte der prothetischen Hilfen, sondern auch neue kulturelle und pädagogische Handlungsfelder und die Tourismusbranche.

Die steigende durchschnittliche und zusätzliche Lebenserwartung als doppelte Dynamik des Alterns führte zu einer Verlängerung der Phase des nachberuflichen Alters, die sich eben infolge des weiteren Alterns nach dem Eintritt in die nachberufliche Phase ausdifferenziert. Weniger das jüngere und das höhere Alter, sondern die Hochaltrigkeit stellen eine besonders vulnerable Bevölkerungsgruppe dar. Wir betonten allerdings auch hier nach wie vor eine ausgeprägte interindividuelle Varianz.

6 Altersbilder: Zwischen Diskurs und Kultur sozialer Praktiken

Wie wird das Alter wahrgenommen? Welche positiven, negativen oder ambivalenten[1] Bilder machen wir uns vom Alter? Wahrnehmungen sind ja keine Fotografien in Verbindung mit der Illusion, die Realität naturalistisch abzubilden. Wahrnehmungen sind im Sinne einer kreativen Mimetik (also nicht einer passiven Nachbildung) – folgen wir hier den Debatten der modernen Bildwissenschaften – codierte Konstruktionen sozialer Wirklichkeit, also interpretative Wahrnehmungen.

Und nun ist der entscheidende Punkt, dass solche interpretativen Wahrnehmungen die Verhaltensmuster der Kultur des Umgangs mit dem Alter regulieren. Menschliches Verhalten variiert nicht mit der objektiven, sondern mit der interpretativ wahrgenommenen Realität. In diesem Sinne hat ein gewisser Konstruktivismus (Saake, 2007; Amrhein, 2008) Platz in einem rekonstruktiven Realismus. Diskurse und Praktiken sind zwei Dimensionen sozialer Wirklichkeit. Sie sind nicht identisch, hängen aber miteinander zusammen.

Die Forschung über Altersbilder (auch als Konstrukte in der Theoriegeschichte der Gerontologie) hat in einem umfänglichen Sinne zugenommen. Das zentrale Thema ist die

---

1 Wie schon in der Bibel: Cramer & Wick, 2021.

Blickverdichtung der Altersbilder (Schirrmacher, 2005), angesiedelt zwischen einer Praxis der Diskriminierung sowie der Ausgrenzung einerseits und einem beobachtbaren Wandel der Differenzierungen der Altersbilder andererseits. Allerdings wird man auch den Gegenstand selbst differenzieren müssen. Geht es (1) um personale Altersbilder mit Blick auf konkrete Menschen oder (2) um gesellschaftliche Altersbilder, die man in verschiedenen Praxisfeldern beobachten und dekonstruieren kann (in verschiedenen Massenmedien, in den verschiedenen Bereichen der Kunst, Musik, in den verschiedenen Medien der Werbung, in der Mode, in der Wissenschaft, in Religion und Mythos oder auch im Horizont der Habitusformationen von Professionen in der Medizin oder in der Pflege)? Und wie entwickeln sich (3) die Selbstbilder des Alters, wenn man vor dem faktischen oder geistigen Spiegel steht? Alt sind immer nur die anderen Alten, nicht der sich dergestalt äußernde alte Mensch?

Eine wichtige Beobachtung ist die Überformung der Altersbilder durch Geschlechterbilder (Reitinger et al., 2018): Frauen werden tendenziell negativer dargestellt als die älteren Männer.

Personale Altersbilder, wenn es zum Beispiel um die eigenen Großeltern oder um die Eltern von Freund*innen geht, fallen als individuelle Deutungsmuster oftmals differenzierter aus, als es in kollektiven Deutungsmustern im Modus von Stereotypisierungen der Fall ist.

Als Spiegelbild der Altersbilder in der Theoriegeschichte der Gerontologie werden Defizittheorien des Alter(n)s und Bilder als Ausdruck der strukturellen Gewalt der Disengagementerwartungen abgelöst von Ideen des aktiven Alterns und des kompetenten Alterns – nicht zu vermischen mit einem freiwilligen selbstgewählten Rückzug aus bestimmten Rollenspielen, reflektiert bei höchster Selbstbesinnung und tiefster Wohlbedachtheit und als Ausdruck eines post-narzisstischen Loslassen-Könnens angesichts des Begehrens von Positionen.

Diese Denkformen fügen sich in eine lange philosophiegeschichtliche Tradition ein, die über die Kunst des guten Alterns reflektiert (Höffe, 2023; Schlaffer, 2016). Allerdings geht es nicht einfach nur um das individuelle Können, das nur eine Seite der Medaille ist. Dies gilt auch dann, wenn die Fähigkeit nicht nur philosophisch, sondern auch psychodynamisch betrachtet wird (Kast, 2023; Luft, 2015). Immer geht es auch um die generativen Strukturen der gesellschaftlichen Praxis der mehr oder weniger gerechten Allokation der Lebensformchancen (Pfaller & Schweda, 2024).

Oben haben wir bereits die transaktionale Theorie des Alterns kennengelernt, in der die subjektive Seite der Kompetenz in Wechselwirkung steht zu den Umwelten, in die das Altern eingebettet ist, wobei die Umwelt einerseits als positiver Möglichkeitsraum diastolischer Dynamik oder andererseits als negative Restriktion systolischer Dynamik einzuschätzen ist. Es geht mit Blick auf die Nutzungsvermögen der *Abilities* bei den *Capacities* um Ausdehnung oder Kontraktion, um Zentrifugalität oder Zentripetalität, um Weite und Weitung oder um Enge und Einengung.

Zu diesem Themenkreis gehören auch die Theoriediskurse über die Leitbilder der praktischen Sozialpolitik, insbesondere die Auslegung des Empowerments als ein umfänglich komplexes Verständnis von *Capability*-Politik.

Daran hängen auch diskursive Ordnungen der Auslegungen des Subsidiaritätsprinzips und der Sorgekultur zwischen Selbst-Sorge, Mit-Sorge und Fremd-Sorge, zwischen Selbstbezug und Weltbezug und zwischen Selbstverantwortung, Mitverantwortung und Kollektivverantwortung der vom sozialen Rechtsstaat verfassten Zivilgesellschaft. Im § 9 SGB I lautet es:

> »Wer nicht in der Lage ist, aus eigenen Kräften seinen Lebensunterhalt zu bestreiten oder in besonderen Lebenslagen sich selbst zu helfen, und auch von anderer Seite keine ausreichende Hilfe erhält, hat ein Recht auf persönliche und wirtschaftliche Hilfe, die seinem besonderen Bedarf entspricht, ihn zur Selbsthilfe befähigt, die Teilnahme am Leben in der Gemeinschaft ermöglicht und die Führung eines menschenwürdigen Lebens sichert. Hierbei müssen Leistungsberechtigte nach ihren Kräften mitwirken.«

Hilfe zur Selbsthilfe verweist uns demnach auf ein Verständnis post-paternalistischer Für-Sorge, die auch keine *Over-Protection* als Ausdruck eines Helfersyndroms sein soll. Das Alter soll nicht – in einer performativen Sprechaktpraxis des »Baby-Talks« oder im Modus des Seniorentellers in Analogie zum Kinderteller – infantilisiert werden. Wenn in der Kindheitsentwicklung das Seligman-Theorem der »erlernten Hilflosigkeit« (Seligman, 1979) zum Thema wird, so in der Versorgung älterer Menschen das Baltes-Theorem der »erlernten Abhängigkeit« (Baltes & Wahl, 1992) infolge eines *dependency-support-script*, resultierend aus dem Habitus von Professionen (im Sinne der strukturalen Hermeneutik der Soziologie von Pierre Bourdieu) und (im Sinne der Systemtheorie von Niklas Luhmann) dem Programmcode von Einrichtungen.

Doch auf diese beiden Themenkreise der Sozialpolitik und der Sorgekultur geht der Essay erst später nochmals ein, nachdem ich die wesentlichen Konturen und die wesentliche »juridische Substanz« unserer Rechtsregime skizziert habe und somit den Gestaltungsauftrag der Daseinsvorsorge bestimmen konnte.

Bleiben wir zunächst nochmals kurz bei den Altersbildern. Trotz der relativen Kürze dieses Abschnittes über die Altersbilder ist das Thema von zentraler Bedeutung. Mehr oder weniger unbewusste Skripte verankern habituell die Verhaltensmuster, die performiert werden. Mentale Modelle steuern das Handeln der Menschen. Nicht das Subjekt hat Wahrnehmung, die Wahrnehmung hat das Subjekt, codiert sein Weltverhältnis und disponiert es. Auf die verhaltenswirksamen Altersbilder der Professionen in den Settings der relevanten Versorgungslandschaften von *Cure* und *Care* (Medizin und Pflege) werden wir erst später eingehen.

Die Forschung zu den Altersbildern im Wandel zeigt doch beträchtliche Pfadabhängigkeiten, die zur Kontinuität von bröckelnden, aber längst noch nicht umfänglich veränderten stereotypischen Negativbildern führen. Um diese durchschnittlichen Trendbetrachtungen herum zeichnet sich jedoch eine Landschaft deutlicher Heterogenität ab.

Es scheint doch auch die Erfahrung wirksam zu werden, dass im Dekaden-Vergleich der Jahrgänge eine andersartige Aufstellung des Alters zu beobachten ist. Heutige 70-jährige Menschen haben eine durchschnittliche Performanz in der Lebensführung, wie sie zehn Jahre vorher den 60-jährigen

Menschen zukam. Der Befund der interindividuellen Varianz bleibt bei jedem Jahrgang und mit aggregiertem Bezug auf die Subgruppen des jüngeren, höheren und hohen Alters bestehen.

7 Prägende Megatrends im Hintergrund

Das Altern heute und in naher Zukunft wird man im Kontext prägender Megatrends verstehen müssen. Diese Megatrends strukturieren das Handlungsfeld und bahnen die Entwicklung. Sie determinieren jedoch nicht das ganze Prozessgeschehen in diesen gebahnten Rahmungen. Denn die Differenzierung und Ungleichheit der Ressourcenverteilung deutet die Machtverteilungen in der Befähigung der Bewältigung der Entwicklungen seitens der Menschen an.

Das Thema des Essays selbst gehört zu diesen Megatrends, denn die Zunahme der Lebenserwartung und die – abhängig von der Geburtendynamik und den Migrationsdynamiken – dadurch ausgelöste Veränderung in der Altersstruktur der Bevölkerung nationalstaatlich organisierter Gesellschaften wird, quasi wie eine kollektive Entwicklungsaufgabe, als Herausforderung der gestaltenden Gesellschaftspolitik und ihren Policy-Feldern (Sozialpolitik allgemein, insbesondere Gesundheitspolitik, Langzeitpflegepolitik, Arbeitsmarkt- und Berufsordnungspolitik, Wohnraumbewirtschaftungspolitik, Verkehrs- und sonstige Mobilitätpolitik, Raumordnungs- und Regionalentwicklungspolitik, Familienpolitik, Genderpolitik, Migrationspolitik etc.) betrachtet.

Demografischer Wandel: Im Prinzip beobachten wir eine

»Demografialisierung« aller Politikfelder und eine querschnittliche Durchdringung verschiedenster Diskurslandschaften.

Diese Problematik berührt die föderale Verfassung der Bundesrepublik Deutschland, wie sie im Art. 20 GG mit Blick auf den »sozialen Bundesstaat« im Lichte des Ewigkeitsstatus des Artikels im Lichte von Art. 79 (3) GG festgelegt ist. Ich zitiere aus Art. 20 den Absatz 1: »Die Bundesrepublik Deutschland ist ein demokratischer und sozialer Bundesstaat.« Aus Art. 79 zitiere ich Absatz 3: »Eine Änderung dieses Grundgesetzes, durch welche die Gliederung des Bundes in Länder, die grundsätzliche Mitwirkung der Länder bei der Gesetzgebung oder die in den Art. 1 und 20 niedergelegten Grundsätze berührt werden, ist unzulässig.« Das Sozialstaatsgebot ist auch europarechtlich abgesichert durch Art. 3 (3) EUV.

Die Schwierigkeiten dieser föderalen Ordnung und ihres Zwei-Kammer-Systems (Bundestag und Bundesrat) hat man auch in der Covid-Pandemie (Schulz-Nieswandt et al., 2021c) spüren können, wobei die Ebene der kommunalen Daseinsvorsorge (verankert in der kommunalen Selbstverwaltungsidee des Art. 28 GG) durch die kommunale Verankerung des öffentlichen Gesundheitsdienstes der Länder ins Spiel kam, für die nach Art. 28 (1) GG gilt: »Die verfassungsmäßige Ordnung in den Ländern muss den Grundsätzen des republikanischen, demokratischen und sozialen Rechtsstaates im Sinne dieses Grundgesetzes entsprechen.«

Der Wortlaut in Art. 28 GG in Absatz 2 ist: »Den Gemeinden muss das Recht gewährleistet sein, alle Angelegenheiten der örtlichen Gemeinschaft im Rahmen der Gesetze in eigener Verantwortung zu regeln.«

Die Problematik des demografischen Wandels berührt dann auch verschiedene Politikfelder in ihren europarechtlichen und europapolitischen Bezügen (Schulz-Nieswandt, 2023e) im Rahmen des Verfassungsvertragsverbundes der Europäischen Union vor dem Hintergrund der Subsidiaritätsregelung in Art. 5 (3) EUV. Das politische System der EU ist ein hybrides Gebilde zwischen Bundesstaat und Staatenbund, also zwischen der Emergenz vertikaler Suprastaatlichkeit einerseits und dem horizontalen Intergouvernementalismus völkerrechtlicher Vertragsbildung. Darauf und auch auf das individualisierte Völkerrecht der UN-Grundrechtskonventionen ist später nochmals zurückzukommen.

Epidemiologischer Wandel: Der demografische Wandel ist auch mit einem epidemiologischen Wandel verbunden, da sich im Zuge der Alterung der Bevölkerung das sogenannte Krankheitspanorama zugunsten der chronischen Volkskrankheiten und der Formen der Multi-Morbidität verschiebt und auch die Bedeutung funktioneller Beeinträchtigungen, insbesondere die Pflegebedürftigkeit und die schon angesprochenen kognitiven Funktionseinbußen, zunimmt. Allerdings konkurrieren hier nicht nur verschiedene epidemiologische Theorien (Kompressionsthese, Medikalisierungsthese sowie diesbezüglich gemischte Thesen), die verschiedene (positive oder negative) Prognosen über die Frage der Qualität der zusätzlich gewonnenen Lebensjahre zulassen, und es sind auch nicht nur die ökonomischen Effekte der Präventionsidee strittig, sondern hinter dieser Korrelation von demografischer Alterung und epidemiologischer Strukturverschiebung werden kontroverse Alter(n)sbilder transportiert.

Allzu schnell wird die interindividuelle Varianz der Altersformen übersehen und die steigende Pflegebedürftigkeitsprävalenz betont. Die Rechnung der Immobilienwirtschaft transnationaler Kapital-Anleger-Modelle (Dahl, 2023; Schulz-Nieswandt, 2022b) lautet: Es lohnt sich, in bundesdeutsche Heimstrukturen zu investieren, die nicht nur durch die Finanzierungs-Letztverantwortung der Träger der Sozialhilfe nach SGB XII sichere Anlageobjekte sind, weil die Kausalkette lautet: je mehr ältere Menschen, desto mehr Pflegebedürftigkeitsfälle, desto mehr Bettenkapazitätsbedarf in der Langzeitpflege, wobei diese Konzepte meist auch teilstationäre und ambulante Pflege in ihre Geschäftsmodelle aufnehmen.

Man muss – das wird noch Thema werden – sehr kritisch fragen, mit welcher (fehlenden oder grausamen) sozialen Fantasie (Schulz-Nieswandt et al., 2023b) hier Wohnformenpolitik für Menschen mit Langzeitpflegebedarf betrieben wird. Das Hauptproblem ist in dieser Dynamik das Konkursrisiko infolge des Fachkräftemangels im Kontext der Regulierungsregime der Wohn- und Teilhabegesetze der Länder, die auch die Regelung der Fachpersonalschlüssel umfassen. Daran knüpfen sich auch von Angst besetzte sogenannte personzentrierte (Schulz-Nieswandt, 2023f), aber auch sektorspezifische Versorgungsqualitätsfragen in der Personalmixbedarfsberechnung, jedoch auch allgemeinere Fragen von innovativen Entwicklungen multiprofessioneller Teams verschiedener akademischer oder nichtakademischer abgestufter Qualifikationen (Schulz-Nieswandt et al., 2023c). Analoges trifft auch auf die medizinische Akutversorgung im Sozialraum zu. Der Ärztemangel in Verbindung mit der Altersstruktur der niedergelassenen Ärzte (m/w/d) und der in der

Folge anstehenden Verrentungswelle wirft auch hier ähnliche Fragen an neue Betriebstypen (Versorgungszentren im Quartier) mit multiprofessionellen Teams verschiedener Qualifikationsstufen und flachen Hierarchien auf. Wiederum Analoges ist im Schulsystem zu konstatieren.

Globalisierung: Das bereits angesprochene Thema der Migration und Flucht – weltgeschichtlich eher eine Normalität – verweist uns auf die Globalisierung, die deutlich macht, wie dieser Planet infolge der Beschleunigung in der Kommunikation und in der Verkehrsmobilität ein einziges Dorf ist. Krieg und Umweltkrisen sowie die Armut im Kontext der interregionalen und internationalen Wohlstandsunterschiede treiben die Globalisierung voran. Mit Blick auf die Systeme der sozialen Sicherung stehen die Insider-Outsider-Ordnungen der nationalstaatlich verfassten Regime vor systematischen Problemen. Transnationale Lösungen erweisen sich als Zukunftsmusik, obwohl sie dringlich sind. Die Globalisierung steigert auch die kulturelle Diversität, die auf erhebliche Verarbeitungskapazitätsprobleme in der Bevölkerung in liberalen Demokratien trifft, verbunden mit dem neueren weltweiten Rechtspopulismus-Switch, aber auch mit kollektiven Wahrnehmungspathologien in Form von Verschwörungstheorien. Hierbei konstatieren einige soziologische Theorien (Schauer, 2023) systematische Resonanzprobleme des politischen Systems. Die Bedeutung der Rolle der Massenmedien dürfte hierbei zu betonen sein, ebenso die Digitalisierung, die ganz neue Dynamiken identitätspolitischer Hasskulturen ermöglicht. Post-demokratische Diagnosen konkurrieren mit Ideen deliberativer Demokratieideale.

Die Rolle der Zivilgesellschaft wird sowohl neopluralistisch als auch kommunitaristisch und republikanistisch diskutiert. Dabei geht es einerseits um die Machtungleichgewichte organisierter Interessen je nach Organisations-, Artikulations- und Konfliktfähigkeit, andererseits um die Tugendethik der politischen und wohlfahrtsgesellschaftlichen Engagementleistungen der Zivilgesellschaft.

Diese Zusammenhänge werden uns in den Trendanalysen nochmals beschäftigen, weil sie mit der Erörterung der Sozialpolitikverständnisse, zum Beispiel in der Pflegepolitik zwischen Markt, Staat, Familie, Bürgerschaft und Formen der Gemeinwirtschaft im Zusammenhang stehen (Schulz-Nieswandt & Thimm, 2023a, 2023b), worauf noch einzugehen sein wird.

Die Frage der regulativen Zivilisierung des Kapitalismus wird uns als Gemeinwohlökonomie (Schulz-Nieswandt, 2021a) ebenso nochmals beschäftigen wie die Frage der Rolle der Formen gemeinwirtschaftlicher Sorgearbeit (Schulz-Nieswandt, 2022c, 2021d), grundsätzlich, aber immer auch in Bezug auf die sozialraumorientierte Wohn- und Versorgungspolitik im Alter im Kontext der kommunalen Daseinsvorsorge und der Sozialschutzpolitik.

Siedlungsstrukturwandlungen: Die Welt wird global von einer zunehmenden Urbanisierung erfasst. Dabei stehen Mega-Cities ebenso wie urbane Verdichtungsräume (Agglomerationen) im Brennpunkt der Problemdiagnosen. Dies ist Teil der Klimadebatte und somit auch Gegenstand von Visionen über *Sustainable Green Health Urbanizations.*

Kinder und ältere Menschen gelten hierbei mit Evidenz als besonders vulnerable Bevölkerungsteile. Humangerechte Stadtentwicklungspolitik und die sozialen Disparitäten im Rahmen der Wohnraumbewirtschaftung sind ebenso ein Thema wie die regionalen Disparitäten in der gesamten Raumentwicklung auf nationaler Ebene wie auch im globalen Maßstab. Modelle von Zentrum, Semiperipherie und Peripherie transportieren in kritischer Sicht die politischen sowie kulturellen Insider-Outsider-Probleme sowie soziale Inklusions-Exklusions-Probleme sowohl in der Sozialstruktur (*trickle-down*-Probleme des Wohlstandes) als auch in geografischer Perspektive (*spread*-Effekte des Wohlstandes).

Moralökonomischer Wandel: Was uns gerade auch mit Bezug auf die Solidarordnung der Gesellschaft als Generationengefüge interessieren wird, ist die Frage nach dem Wandel der Werte (Normen sind Werte mit sanktionsfähigem Soll-Charakter) mit Blick auf den Kitt der sozialen Kohäsion (Lessenich, 2018; Meißelbach, 2019), wenn man die Frage stellt: Was hält die Gesellschaft zusammen und was treibt sie auseinander?

Es geht (Schnell et al., 2023) hierbei sowohl um die Generierung und nachhaltige Entwicklung von Empathie und in der Folge um soziale Praktiken prosozialen Engagements aus der weltoffenen Gabe-Bereitschaft heraus als auch um die Fragen der Motivhaltungen (Liebe, Achtung und Respekt, Pflicht, Altruismus etc.). Für die Situation des Alters dürfte es von Bedeutung sein, welcher kollektiv weitgehend oder mehrheitlich geteilte Geist nicht nur die Gesetze (darauf ist ja noch einzugehen), sondern das »gelebte Leben« als performative Kultur des Alltags quasi pneumatisch beherrscht. Denn es geht hier um die normative Infrastruktur mit Blick auf Praktiken der »strukturellen Gewalt«: Formen der Ausgrenzung, der Vernachlässigung, Marginalisierung und Ignoranz, der Kränkung und der Diskriminierung.

Sozialpolitisch bedeutsam ist die Frage der Akzeptanz der re-distributiven Wohlfahrtspolitik sowie der De-Kommodifizierung; beides im Lichte der Idee der universalen sozialen Inklusion. Ist das Naturrecht der personalen Würde als »Sakralität der Person« (Joas, 2011) des Art. 1 GG (als Ewigkeitsartikel) der Kern eines heiligen Bundes, die diese »juridische Substanz« zum Gegenstand hat? Ist dadurch die Idee der gegenseitigen Anerkennung in der Diversitätskultur moderner Gesellschaften verankert in dem Sittengesetz des Art. 2 GG, wonach das Grundrecht der freien Entfaltung der Persönlichkeit im Lebenslauf, also auch bis ins hohe Alter und sogar noch in die palliative Kultur des Sterbens hinein (Möglichkeit der Selbstbestimmung im Modus von Vorsorgevollmachten und Patient*innenverfügungen sowie das Grundrecht auf passive und assistierte Sterbehilfe), gekoppelt ist an die empathische Rücksichtnahme auf die gleichen Grundrechte des Mitmenschen, womit auch die Grenzen der Toleranz »anderer Sitten anderer Länder« im Geltungsbereich des GG angesprochen sind? Art. 2 GG lautet:

> »(1) Jeder hat das Recht auf die freie Entfaltung seiner Persönlichkeit, soweit er nicht die Rechte anderer verletzt und nicht gegen die verfassungsmäßige Ordnung oder das Sittengesetz verstößt.
>
> (2) Jeder hat das Recht auf Leben und körperliche Unversehrtheit. Die Freiheit der Person ist unverletzlich. In diese Rechte darf nur auf Grund eines Gesetzes eingegriffen werden.«

Fragen der Medizinethik und der Pflegeethik in den sozialen Interaktionen in institutionellen Settings (zum Beispiel der demenzkranke alte Mensch als Störfaktor im Akutkrankenhaus oder der Entwicklungsstatus normalisierter Wohnwelten in Heimen der Langzeitpflege, die dortige digitale Teilhabebefähigung, die dortige Möglichkeit des Sozialraumerlebens, der Gartenarbeit und der Tierhaltung etc.) betreffen nicht nur diskriminierende Altersbilder, die die sozialen Praktiken skriptartig »framen«, leiten und das Feld strukturieren, sondern in der Folge auch die Lebensqualität aus Ausdruck eines erreichbaren »guten Lebens« im Alter.

Die Ökonomisierung als Ausdruck eines Effizienz-Dispositivs im Sozialsektor ebenso wie die Kommerzialisierung im marktorientierten und wettbewerblichen Trägerpluralismus (zwischen Privatwirtschaft und öffentlicher und freier Gemeinwirtschaft) sind ebenso zu hinterfragen wie das institutionelle Ethos und die Habitusformationen der Professionen im Sozialsektor. Davon ist das vulnerable Alter im Versorgungsgeschehen im Alltag betroffen.

8 Zwischenfazit: Mehr-Ebenen-Analyse

Das Alter und das Hineinaltern in das Alter der nahen Zukunft ist in einem Mehr-Ebenen-System zu analysieren.

Die soeben skizzierten Megatrends des sozialen Wandels ebenso wie die noch sogleich aufzugreifenden Rechtsregime stehen in einem Wechselseitigkeitsverhältnis – der soziale Wandel führt zu Veränderungen im Recht und das sich wandelnde Recht verändert auch die soziale Wirklichkeit – und stellen die analytische *Makro-Ebene* dar.

Die *obere Meso-Ebene* sind die Infrastrukturwelten, Wohnformenlandschaften und Versorgungslandschaften der lokalen und regionalen Sozialräume, während die *untere Meso-Ebene* die Welt der Institutionen (Organisationen, Akutkrankenhäuser, Pflegeheime etc.) sind. Hier geht es auch um Ethik der Träger, Unternehmensphilosophien, Führung und Organisationskulturen.

Die *Mikro-Ebene* ist die Ebene der sozialen Interaktionen sozialer Dyaden (Profession und Nutzer*innen) oder sozialer Triaden (Profession und Nutzer*innen sowie Angehörige oder Betreuer*innen). Hier geht es um Habitusformationen, Achtsamkeit in der Kommunikationsarbeit, Prozesssteuerung und Teamkulturen.

In der Realität – die Ebenen sind ja analytische Konstruktionen abstrahierender Art – sind die Mikro-Ebene, die Meso-Ebene und die Makro-Ebene wie die Matrjoschka ineinander verschachtelt, also zu begreifen als soziale Interaktionen »in« institutionellen Settings »im« lokalen Sozialraum »im« Kontext der vom Recht regulierten Staatsorganisations-, Raum-, Wirtschafts-, Sozial-, Sozialstruktur- und Moralordnung »vor« dem Hintergrund der Konturen des sozialen Wandels.

Es gibt auch noch eine *»Nano«-Ebene* unterhalb der Mikro-Ebene, denn die sozialen Interaktionen verweisen auf die generativen Skripte innerer Dispositionen der Subjekte, aus denen als intraindividuelle Arbeitsapparate heraus die Verhaltensmuster generiert werden. Dies verweist auf innere Strickmuster der Psychodynamik der konkreten Menschen, die den Blick und die Erörterung auf das Phänomen der Habitualisierung überleiten. Sofern es um eine praxeologische Soziologie des Alters (Kolland et al., 2021) geht, ist diese Sicht bedeutsam, denn Diskriminierungen bis hin zu Ausgrenzungen, auch aus Affekten der Angst und des Ekels gegenüber den »andersartigen« alten Menschen (zum Beispiel mit Demenz) heraus, wurzeln in solchen Haltungen.

9 Altern im Lichte der »juridischen Substanz« der relevanten Rechtsregime

Die vorrechtliche Sittlichkeit ist als Idee im Recht inkarniert. Dies konstituiert, rechtssoziologisch betrachtet, eine »juridische Substanz« als Mischung aus normativer Moral und positivem Recht. Vor allem ist an das moderne Naturrecht des überpositiven Rechts der Idee der personalen Würde in Art. 1 GG zu denken. In Art. 2 GG knüpft sich das Grundrecht auf die freie Entfaltung der Persönlichkeit, wie es im Lichte sozialer Gerechtigkeit auch im § 1 SGB I ausformuliert wird, an die empathische Rücksichtnahme (respektvolle Achtung) des gleichen Grundrechts der Anderen, was die Vermeidung negativer Externalitäten (Lessenich, 2018) als direkte Interdependenz der *Well-Being*-Funktionen der Mitmenschen anzeigt. Dort genannt ist das Sittengesetz von Kant, während die Unantastbarkeit der Würde der kategorische Imperativ Kants ist: Der Mensch ist immer nur Selbstzweck, niemals Mittel zum Zweck der instrumentellen Vernunft Anderer.

Diese Naturrechtslehre hat ihre verfassungsrechtliche Bedeutung durch die Radbruch-Formel erhalten: Der Rechtstheoretiker Gustav Radbruch (1946) spricht vom überpositiven Recht der Würde, womit er allerdings erst viele Jahre später das Bundesverfassungsgericht dazu brachte, das nationalsozialistische Recht als Unrecht zu erklären.

Wir finden diese Idee der *inherent dignity* in den UN-Grundrechtskonventionen, die auf Menschen mit Behinderungen und auf das Kindeswohl bezogen sind, aber nicht nur intersektionell die besondere Vulnerabilität von Frauen betonen, sondern zur Idee der sozialen Inklusion aller Menschen in allen Lebenslagen in allen Altersklassen hochskaliert und universalisiert werden muss. Insofern ist auch das höhere und hohe Alter vom UN-grundrechtskonventionellen Denken implizit miterfasst. Man findet dort auch den von mir breit ausgelegten *Capability*-Ansatz der Sozialpolitik des sozialen Rechtsstaates.

Vergleichbar ist die Grundrechtscharta (GRC) der Unionsbürger*innen der Europäischen Union, sodass die Menschen der Mitgliedsstaaten der EU quasi eine doppelte Staatsbürgerschaft haben. Zuständig sind in diesem Verfassungsvertragsverbund nicht mehr allein die nationalen Verfassungsgerichte, sondern der übergeordnete Europäische Gerichtshof. Hier in der GRC finden wir wiederum nicht nur die Bedeutung der infrastrukturellen sozialen, kulturellen und technisch-ökonomischen Güter und Dienstleistungen von allgemeinem (öffentlichem) Interesse angeführt, sondern auch das Grundrecht des älteren und alten Menschen auf seine Würde und der Teilhabe an den politischen, sozialen, kulturellen und wirtschaftlichen Gütern. Das Diskriminierungsverbot des Alters in Art. 21 GRC ist eine der Textstellen, die für unser Thema bedeutsam sind. Herausragend ist Art. 25 zu den »Rechte(n) älterer Menschen«: »Die Union anerkennt und achtet das Recht älterer Menschen auf ein würdiges und unabhängiges Leben und auf Teilnahme am sozialen und kulturellen Leben.« Die ökonomische Ressourcendimension ist hier implizit mitgedacht, ist sie doch eine der notwendigen Voraussetzungen einer Unabhängigkeit der Person im Alter und der davon ausgehenden Teilhaberechte. In Absatz 1 des Art. 34 GRC zu sozialer Sicherheit und sozialer Unterstützung lautet es daher:

> »Die Union anerkennt und achtet das Recht auf Zugang zu den Leistungen der sozialen Sicherheit und zu den sozialen Diensten, die in Fällen wie Mutterschaft, Krankheit, Arbeitsunfall, Pflegebedürftigkeit oder im Alter sowie bei Verlust des Arbeitsplatzes Schutz gewährleisten, nach Maßgabe des Gemeinschaftsrechts und der einzelstaatlichen Rechtsvorschriften und Gepflogenheiten.«

Die GRC ist Bezugspunkt auch verschiedener Artikel der Europäischen Verträge (EUV und AEUV). Insbesondere die von einer sakralen Atmosphäre geprägten Präambeln der GRC und des EUV und der AEUV weisen eine ausgeprägte Ähnlichkeit zu den Präambeln der Grundrechtskonventionen der UN auf.

Alle Rechtsregime, die hier angesprochen worden sind, haben explizite Bezüge zu allen weiteren multilateralen Menschenrechtsabkommen der vereinten Völker. Zu verweisen ist insbesondere auch auf die Europäische Menschenrechtskonvention (MRK). Das wohl bekannteste Menschenrechtsdokument ist die »Allgemeine Erklärung der Menschenrechte«. Sie ist jedoch kein völkerrechtlicher Vertrag, sondern eine Resolution der UN-Generalversammlung und somit nicht rechtlich bindend, vielmehr eine politische Verlautbarung und Willenserklärung der UN-Generalversammlung vom

10. Dezember 1948, die aber gewohnheitsrechtlich relevant ist.

Diese menschenrechtskonventionellen und grundrechtlichen Regime prägen auch den Geist des bundesdeutschen Systems der Sozialgesetzbücher (SGB) und auch den Geist der Wohn- und Teilhabegesetze der Bundesländer, die zusammen mit ihren Verordnungen zur Umsetzung für uns thematisch von Bedeutung sind.

Wir erkennen hier auch die normative Sattelzeit der Französischen Revolution wieder, wobei die drei Fundamentalwerte der Freiheit, Gleichheit und Solidarität funktionslogisch in umgekehrter Reihung verstanden werden müssen: Solidarität ist die moralökonomische Voraussetzung der politischen Gleichheit, die wiederum die Voraussetzung des finalen Telos der Freiheit Aller ist.

»Aller« meint nun im Lichte des de-kommodifizierten Universalismus der sozialen Inklusion eine Miteinanderfreiheit in Miteinanderverantwortung (Schulz-Nieswandt, 2022a), die ich als genossenschaftsartige Form im Art. 2 GG erkenne. Dieser geht von einer »sozialen Freiheit« aus, die die »negative Freiheit« einer narzisstischen Ökonomik des Begehrens als possessiver Individualismus der Objektbesetzungen überwindet. Anthropologisch (in der Tradition des dialogischen Personalismus stehend) gesehen (ebd.), ist der personale Mensch immer nur ein Individuum in der reziproken Rolle des Mitmenschen (Schulz-Nieswandt, 2023j).

Das Alter der Zukunft muss in diesem »Geist der Gesetze« also eingebettet werden in eine Ordnung der sozialen Freiheit eines gelingenden Miteinanders der von Diversität geprägten Gesellschaft als Generationengefüge. Da schon heute ein diesbezüglicher Gap zwischen Soll-Wert und Ist-Wert zu konstatieren ist, stellt sich die Frage, wie es wohl um das Alter der näheren Zukunft stehen wird.

Was wird an Würde zu erwarten sein? Nur das »nackte Leben«, von dem Giorgio Agamben (2002) in seinen Schriften spricht? Man könnte die *homo-sacer*-Perspektive auch wie folgt auf unser Thema anwenden: Der *homo sacer* darf nicht – im Modus ritueller Altentötungen – geopfert werden, aber ansonsten ist er vulnerabel und verschiedenen Formen der Gewalt ausgesetzt.

Der Philosoph Avishai Margalit (2012) argumentiert, die Gesellschaft und ihre Politik müssten nach einer »anständigen« Gesellschaft streben. Gemeint ist eine Gesellschaft, deren Institutionen die Menschen nicht mehr demütigen. Dieses neue Ideal (Ziel 2) ist nicht nur dringlicher, weil (bevor im positiven Sinne Gutes geschaffen wird) als Haltung der Negativität Schlimmes verhindert werden muss. Im Gegensatz zum Zielverständnis einer gerechten Gesellschaft wäre diese Negativität der Demütigung realistischer und besser in der Kultur der sozialen Wirklichkeit umsetzbar. Das wäre dann mehr als das nackte Leben (Ziel 1), aber eben keine soziale Gerechtigkeit eines guten Lebens (Ziel 3).

Das Thema entfaltet sich also in diesem normativ aufgespannten Raum, wobei die Anordnung sich so ergibt: Ziel 0 < Ziel 1 < Ziel 2 < Ziel 3. Ziel 0 wäre die ritualisierte Ordnung der Altentötung. Im Ausblick am Ende der vorliegenden Erörterung komme ich auf diesen Nullpunkt nochmals zurück. Art. 2 GG orientiert sich jedoch eher an der gerechten und nicht nur der anständigen Gesellschaft. Die Anständigkeit ist auch hier inkorporiert, weil die empathische Rücksichtnahme eine erlernte sozialcharakterliche Tugend und die Demütigung ein Feld negativer externer Effekte ist. Tugendethische und konsequenzethische Aspekte mischen sich demnach in das Sittengesetz als Regel-Ethik ein. Doch geht es um die freie Entfaltung der menschlichen Person, die doch die individuelle Befähigung und die strukturelle Ermöglichung höherer Stufen der Entwicklung eines »guten«, also sozial gerecht geordneten Lebens umfasst. Es geht demnach um die allokative Gerechtigkeit der Ermöglichung von Lebensformen (Ross et al., 2019).

Die Frage ist auch, was unter Demütigung als soziale Praktik genauer zu verstehen ist. Demütigung kann ja in den Dimensionen der Bevormundung, der Kränkung und der Ausgrenzung strukturell bezogen werden auf die drei Dimensionen der Würde; nämlich Selbstbestimmung, Selbstständigkeit und Teilhabe (Schulz-Nieswandt, 2021f). Die Idee der Teilhabe (orientiert am Stern der sozialen Inklusion und somit soziologisch gesehen gegen soziale Exklusion positioniert) ist aber vom infrastrukturellen Kriterium der freien Zugänglichkeit von Ressourcen von allgemeinem (öffentlichen) Interesse der Daseinsvorsorge nicht abzutrennen. Damit wird erneut die Ebene allokativer Gerechtigkeit betreten.

10 Gemeinwohl und Lebensformen

Das Gemeinwohl lässt sich nicht hinreichend am Indikator des Bruttoinlandsproduktes erfassen. Dieser Wohlstandsindikator zeigt ja nur die in Marktpreisen ausgedrückten Güter und Dienstleistungen einer Periode oder zu einem Stichtag. Viele positive, aber auch vor allem die negativen Externalitäten der sozialen Kosten werden nicht vollumfänglich erfasst. Nicht nur die Einkommens- und Vermögensverteilung oder auch die Arbeitsbedingungen werden nicht thematisiert, vor allem auch nicht die Verteilung der Lebenslagen, die als Ressourcenkonfigurationen mehr umfassen als nur das Einkommen und das Vermögen. Es geht um die Lebensformen der Menschen der nahen Zukunft. Wie wohnen sie und wie leben sie zusammen?

Wie steht es um die Lebensqualität im Kontext der Lokalität und Regionalität unterschiedlicher (urbaner und ruraler) Siedlungsstrukturen, ihres Wohnraums und ihrer Infrastruktur als Raum der Daseinsvorsorge? Die Wohnformen verweisen auf die Frage nach den vernetzten Quartieren in der Sozialraumentwicklung.

Unter Sozialraum verstehen wir die sozialen Netze der Lebenswelten mit Blick auf deren Funktionalität der sozialen Unterstützung, der sozialen Integration und des sozialen

Engagements, woraus sich aus der Gabe und der responsiven Haltung aktiver Passivität gegenüber der Gabe des Mitmenschen in Form der Mich-Erfahrung des Individuums[1] die Strukturen der Reziprozität des Gebens und des Nehmens als grammatischer Baustein des Soziallebens ergibt (Schulz-Nieswandt, 2023c). Wir lernen damit den genossenschaftsartigen Charakter (Blome-Drees et al., 2023) des Zusammenlebens zu verstehen.

Dabei geht es (Schulz-Nieswandt, 2023q) nicht nur um genossenschaftliche, mitunter explizit gemeinnützige Einzelgebilde und ihre wirtschaftlichen, sozialen und kulturellen Zwecksetzungen, der Vernetzung solcher Einzelgebilde bis hin zu Plattformen der Sozialraumentwicklung, sondern es geht um die Struktur der nachbarschaftlichen Gemeindeordnung (Schulz-Nieswandt, 2023b). Der Mensch ist, wie ich schon betonte, der Knotenpunkt seiner sozialen Beziehungen über Formen der Liebe und Partnerschaft, der Familie und Verwandtschaft, der Freundschaft und Kollegialität, der Nachbarschaft, der regionalen oder nationalen Identität hinweg bis hin zur Ahnung einer solidarischen Völkergemeinschaft und der Ehrfurcht vor der Natur. Dieses System der konzentrischen Kreise definiert den Wachstumsraum des Werdens der menschlichen Person als ein Raum der Selbsttranszendenz über Oikos, Polis und Kosmos hinweg.

Es ist zugleich immer der Raum der Gegenwart, also der Raum der Präsenz des Augenblicks, der Ereignisse, die Jetzt-Zeit des Erfahrungserlebnisgeschehens der menschlichen

1 Das »mich«, das »moi«, das »me« geht dem »Ich bin«, also dem »Ich«, dem »Je« und dem »I« phänomenologisch voraus.

Person, jedoch eingebettet in die vorgängige Geschichte, die als Vergangenheit zum Bezugspunkt des kollektiven und individuellen Gedächtnisses und somit der kulturellen Erinnerungsarbeit wird, wobei es um Traumata ebenso gehen kann wie um Schuld oder um Dankbarkeit angesichts der daseinsfreudigen Erinnerung an die Erfahrung von Glück, jedoch auch verbunden mit Wehmütigkeit, wenn sich ein Verlustgefühl einstellt.

Und diese geschichtlich eingebettete, von tradierten Sinnhorizonten geprägte Jetzt-Zeit wird zum Ausgangspunkt der Zukunftsbezogenheit des denkenden und das Erlebniserfahrungsgeschehen seelisch verarbeitenden Menschen, sofern eine depressive Grundgestimmtheit mit ihrer Zeitpathologie nicht alles entwertet: Der schwer depressive Mensch hat keine Offenheit des »Hinein« in die Zukunft und des »Hinzu« zum Mitmenschen.

Das Alter, das studiert sein will, ist aus diesem komplexen Kontext, der uns wie ein kompliziertes Gewebe eines Wollknäuels erscheint, heraus zu verstehen. Das Alter ist nicht einfach »da«, es ist geworden.

Die Biografie mag von einer gewissen Narbendichte geprägt sein; von Narben, die man erhalten hat, aber auch von Narben, die man den Mitmenschen bereitet hat. Und manchmal vernarbt das Erlebniserfahrungsgeschehen nie, sondern bleibt eine ewig offene Wunde.

Wir reflektieren gerade also über die existenzielle Vulnerabilität des Menschen. In einer Welt der sozialen Verkettungen steht der Mensch in Kontexten, die in ihrer Dependenzgrammatik zu begreifen sind: Das transaktionale, also von Wechselwirkungen der Menschen und ihrer Um-Welt geprägten

Leben ist daher immer eine dynamische Gewebestruktur positiver wie negativer Externalitäten.

Theaterwissenschaftliche Metaphern bieten sich tatsächlich an, das »Ontodrama« des menschlichen Lebens zu charakterisieren: Die Figuren in ihren Rollen stehen auf den Bühnen des Lebens, das Spiel, das hier vor dem Hintergrund der wechselnden Kulissen inszeniert wird, folgt Drehbüchern, hinter denen Schriftsteller*innen, Regisseur*innen, Produzent*innen stehen. Die rollenspielenden Figuren sind in ihren Interaktionen aneinandergekoppelt (mitunter als Mörder und Opfer oder als Romeo und Julia), manche Figuren (m/w/d) sind von zentraler, andere von nur statistenartiger Bedeutung, manche sind (tragische) Helden oder Gewinner der Handlungszusammenhänge, manche sind Verlierer. Die Aufführungen mögen verschiedenen Typs (Tragödien oder Komödien) sein und verschiedenen Rhythmusstrukturen (Höhepunkte etc.) folgen. Und so weiter.

Der ältere und alte Mensch ist in der Lebenslage seiner Altersphase also immer aus seiner vorausgegangenen Theatergeschichte heraus zu verstehen, wenn wir begreifen wollen, welche Stücke nunmehr in seiner zunehmend länger werdenden Altersphase aufgeführt werden. Wie steht es im Rollengefüge auf der Bühne des Alters und in Interaktion mit dem Publikum der anderen Generationen um die Spielräume der Selbstbestimmung, der Selbstständigkeit und der Teilhabe? Ist man (m/w/d) Protagonist oder Statist, Bühnenarbeiter oder Schriftsteller, Eintrittskartenkontrolleur oder schenkt man Sekt aus? Wo steht das Alter in der Sozialstruktur der Theaterinszenierung? Ist das ganze Theatergebäude marode geworden, unbeheizt und erkaltet, weil es nicht mehr (über die Sozialversicherung mit Steuerzuschuss) finanzierbar ist? Geht das Licht aus?

An die weiter oben dargelegten rechtsphilosophischen und ethischen Überlegungen, die ich mit Bezug auf die »juridische Substanz« der Rechtsregime destilliert habe, können wir anschließen, um die Frage nach dem Gemeinwohl als Frage der solidarischen Form des sozialen Miteinanders in einem genossenschaftsartigen Sinne (Schulz-Nieswandt, 2021a) zu erläutern.

Das Leben als Form gelingt nicht, wenn es einseitig (oder gar in neurotischer »Verstiegenheit«) individualistisch oder, im Gegensatz dazu, kollektivistisch gestrickt ist. Das personalistische Verständnis des Menschen, das wir weiter oben aus der Hermeneutik des Rechts herausgefiltert haben, bezeichnet ein Selbst-Sein in der Modalität des sozialen Mit-Seins. Es geht um den Menschen im Generationengefüge, wodurch er einerseits rückblickend und erinnernd, andererseits auch vorausschauend und imaginierend in die Geschichte eingebunden ist. Tot sind die Verstorbenen immer erst dann, wenn man sich nicht mehr an sie erinnert, und der Mensch lebt nur, wenn er angesichts des Wissens um diese Endlichkeit aus dem Heute heraus das Morgen und das Übermorgen anvisiert als ein »Woraufhin« in einer Haltung der Offenheit.

11 *Capability* und Sozialpolitik

Die Lebenssituation des Alters ist weitgehend geprägt von der Sozialpolitik der Gesellschaft. Pflegepolitik (Schulz-Nieswandt et al., 2021a) etwa ist Teil der Sozialpolitik, jedoch infolge der Interdependenz mit anderen Policy-Feldern (Raumordnungspolitik, Wohnraumpolitik, Mobilitätspolitik, kommunitaristisch oder republikanistisch motivierte Engagementförderpolitik etc.) wiederum Teil der gestaltenden Gesellschaftspolitik, die man als Daseinsgestaltungspolitik verstehen könnte.

Leitstern der modernen Sozialpolitik ist sicherlich die Idee der sozialen Inklusion. Die Skizze der »juridischen Substanz« der relevanten Rechtsregime auf den verschiedenen nationalen und transnationalen föderalen Ebenen hat zeigen können, dass es um das überpositive Recht der personalen Würde geht, die sodann einen Katalog an sozialen Grundrechten nach sich zieht.

Um dies weiterzudenken, ist es sinnvoll, sich an einer angemessenen, vollumfänglichen Auslegung des sogenannten *Capability*-Ansatzes zu orientieren. Der Ansatz ist von dem eher heterodoxen Nobelpreisträger für Ökonomie Amartya Sen und der bekannten Philosophin Martha Nussbaum (2015) entwickelt und weltweit breit und tief diskutiert worden. Der

Ansatz wird als Politik der Förderung der »Befähigung« des Menschen übersetzt.

Das Konzept erinnert einerseits an die ältere Ideenbewegung des »Empowerments« in der Geschichte der sozialen Arbeit, darf aber andererseits nicht neoliberal verengt ausgelegt und als investive Sozialpolitik nur subjektseitig und somit auf das Individuum fokussiert als Selbstsorge- und Selbsthilfeförderung (Hilfe zur Selbsthilfe) interpretiert werden. Paradigmatisch wurde diese Verkürzung des Sinns der Sozialpolitik im »Fördern und Fordern«-Paradigma in der Grundsicherung des SGB II aufgenommen und erinnert stark an eine calvinistische Arbeitsethik, aber auch an alt- und neutestamentliche Textstellen, aus denen hervorgeht, man solle sich sein Brot im Angesicht des Schweißes erwerben. Das dürfte die Kontrastposition zu einer Idee des bedingungslosen Grundeinkommens sein. Den *Capability*-Begriff kann man auch im Zuge eines Wortspieles als zusammengesetzt aus den Wörtern *Ability* und *Capacity* verstehen. So gelangt man zum Wort »*Capa-bility*«. In diesem Sinne stellt die Befähigung eben nicht nur auf *Abilities* als subjektive Kompetenzen ab, sondern auch auf *Capacities* als objektive Möglichkeitsräume, insbesondere im Sinne von nutzbaren Infrastrukturen in ihrer Verfügbarkeit, Erreichbarkeit, Zugänglichkeit und Qualität. Die Sozialinvestitionen, um an die Begrifflichkeit der investiven Sozialpolitik anzuknüpfen, sind also nicht nur Investitionen in die Agilität, in die Resilienz, in die Achtsamkeit, in das Humankapital im Modus des lebenslangen Lernens, in Gesundheitskompetenzen, in digitale Kompetenzen, also in Kategorien der Selbstoptimierung etc., sondern auch Investitionen in die soziale Infrastruktur als Güter und Dienstleistungen von allgemeinem (öffentlichen) Interesse im Sinne des Art. 36 der Grundrechtscharta der Unionsbürgerschaft (GRC): »Die Union anerkennt und achtet den Zugang zu Dienstleistungen von allgemeinem wirtschaftlichen Interesse, wie er durch die einzelstaatlichen Rechtsvorschriften und Gepflogenheiten im Einklang mit den Verträgen geregelt ist, um den sozialen und territorialen Zusammenhalt der Union zu fördern.«

Im hierzu höchst bedeutungsvollen Protokoll Nr. 26 des EUV lautet es:

> »Artikel 1: Zu den gemeinsamen Werten der Union in Bezug auf Dienste von allgemeinem wirtschaftlichem Interesse im Sinne des Artikels 14 des Vertrags über die Arbeitsweise der Europäischen Union zählen insbesondere:
>
> - die wichtige Rolle und der weite Ermessensspielraum der nationalen, regionalen und lokalen Behörden in der Frage, wie Dienste von allgemeinem wirtschaftlichem Interesse auf eine den Bedürfnissen der Nutzer so gut wie möglich entsprechende Weise zur Verfügung zu stellen, in Auftrag zu geben und zu organisieren sind;
> - die Vielfalt der jeweiligen Dienstleistungen von allgemeinem wirtschaftlichem Interesse und die Unterschiede bei den Bedürfnissen und Präferenzen der Nutzer, die aus unterschiedlichen geografischen, sozialen oder kulturellen Gegebenheiten folgen können;
> - ein hohes Niveau in Bezug auf Qualität, Sicherheit und Bezahlbarkeit, Gleichbehandlung und Förderung des universellen Zugangs und der Nutzerrechte.

> Artikel 2: Die Bestimmungen der Verträge berühren in keiner Weise die Zuständigkeit der Mitgliedstaaten, nichtwirtschaftliche Dienste von allgemeinem Interesse zur Verfügung zu stellen, in Auftrag zu geben und zu organisieren.«

Damit ist vor allem auch die Lebenswelt der kommunalen Sozialpolitik angesprochen. So wird die Kommune als Lebenswelt eigener Art in dem in das SGB V eingebaute Bundespräventionsgesetz definiert. Im Rahmen von (nicht unbürokratisch anmutenden) landesgesetzlichen Regelungen können Kommunen und Sozialversicherungen kooperieren, um am Ziel der Gesundheitsprävention zu arbeiten.

Von besonderer Bedeutung für die Politik der an der Lebensqualität orientierten Gesundheitsförderung (Kolland & Dorner, 2020) und zugleich die bekannteste werteorientierte Umschreibung ist aus der Präambel der Verfassung der Weltgesundheitsorganisation (WHO) von 1948 zu zitieren:

> »Gesundheit ist der Zustand des vollständigen körperlichen, geistigen und sozialen Wohlbefindens und nicht nur das Freisein von Krankheit und Gebrechen. Das Erreichen des höchstmöglichen Gesundheitsniveaus ist eines der Grundrechte jedes Menschen, ohne Unterschied der ethnischen Zugehörigkeit, Rasse, der Religion, der politischen Überzeugung, der wirtschaftlichen oder sozialen Stellung.«

Auch die ältere Empowerment-Idee war verknüpft mit einer Gemeinwesenorientierung, die auf das verweist, was wir heute Sozialraumorientierung nennen.

Diese Tradition einer an der Idee der sozialen Inklusion

orientierten und auf die Sozialraumentwicklung bezogenen Daseinsvorsorge und Sozialpolitik ist von fundamentaler Bedeutung für das gelingende Hineinaltern (vgl. nochmals §71 SGB XII) und für die Lebenslagenverteilung im Alter. Alternssozialpolitik ist viel mehr als die Transferleistungen der gesetzlichen (und betrieblichen) Rentenversicherung im Spannungsfeld von Lohnersatzfunktion und Armutsvermeidung durch die subsidiär nachrangige, die subjektive Bedürftigkeit prüfende Sozialhilfe. Es geht um die Gestaltung der Lebenslagen als mehrdimensionale und aspektreiche Handlungsspielräume mit Blick auf eine selbstbestimmte, selbstständige und Teilhabe ermöglichende Daseinsführung, die mehr ist als Existenzfristung. Es geht um die Einheit der auf Wohlbefinden abstellenden Lebensqualität, das Wohnen, die wohnumfeldliche Infrastruktur, die körperliche, geistige und seelische Gesundheit u. v. a.m. als umfassende ganzheitliche Lebensführung. Verteilt werden eben nicht nur Einkommen, sondern Lebenschancen: Chancen auf wählbare Lebensformen.

Damit soll nicht argumentiert werden, dass die Verteilung von Einkommen und Vermögen nicht von fundamentaler Bedeutung ist. Weiter oben habe ich die ökonomischen Ressourcen als notwendige Voraussetzung definiert für die Lebensqualität. Sie sind aber keine hinreichenden Bedingungen hoher Lebensqualität. Das Problem muss hier nicht in seiner ganzen Komplexität durchdacht werden. Festzuhalten ist aber, dass die Qualität der sozialen Beziehungen, in die der Mensch eingebettet ist, entscheidend ist.

In der Sozialisationsforschung kennt man den (wohl aus Afrika stammenden) Spruch, man bräuchte ein ganzes Dorf, um erfolgreich Kinder aufwachsen zu lassen. Man braucht aber – abgesehen von der professionellen Infrastruktur des Sozialstaates – eben auch Familie, Verwandtschaft, Freundschaft, Nachbarschaft und bürgerschaftliches Engagement, damit ein gelingendes Alter in *Caring Communities* möglich ist.

12 Zukunftsszenarien zum Alter der nahen Zukunft

Die ganze lange Herleitung hin zu diesem nun anstehenden zentralen (Kern-)Kapitel war notwendig, um die analytischen Dimensionen und thematischen Aspekte zu klären und nun die Prognose als Diagnostik der Lebenslagen des Alters in nächster Zukunft zu erörtern. Die Prognosen sind weitgehend in den vorausgegangenen Abschnitten – mehr oder weniger implizit oder explizit – erkennbar geworden, weil sie rhetorisch angedeutet worden sind.

12.1 »Totale soziale Tatsachen«

Die lange Herleitung war auch wichtig, weil deutlich werden konnte, dass man über das Alter nicht allzu isoliert nachdenken kann. Denken wir über das Alter nach, erschließt sich durch die Interdependenz vieler Dimensionen der sozialen Wirklichkeit der gesamtgesellschaftliche Zusammenhang (Mau & Schöneck, 2014), in der das Alter eingestellt ist. Vor allem, um den transaktionalen *Capability*-Ansatz in der Sozialpolitik und in der Daseinsvorsorge aufzugreifen, geht es nicht um nur um die subjektive Seite des Erlebniserfahrungsgeschehens des Alters im Alter: Es stimmt schon: Wer rastet, der rostet (Rojo-Pérez & Fernández-Mayoralas, 2021). Kompetenzabhängig geht es um ein aktives Altern. Aber dies ist nur die eine Seite der ganzen Geschichte.

12.2 Trends in der sozialen Morphologie

Ich will nun verschiedene Dimensionen der Trendanalyse mit Blick auf die nahe Zukunft des Alters erörtern. Den Begriff der sozialen Morphologie entnehme ich der Soziologie und Ethnologie der französischen Durkheim-Schule. In eigenen Forschungen verstehe ich darunter die Analyse der Einheit von Strukturmerkmalen eines sozialen Gebildes und seines Sinngehaltes. Diese methodologische Perspektive kommt im vorliegenden Essay aber nur dort zur Wirkung, wo es um die genossenschaftliche Form geht. Die auf Émile Durkheim zurückgehende Bezeichnung »soziale Morphologie« (Schroer, 2006) steht für die Untersuchung der materiellen Formen des Sozialen. Gemeinsam mit der sogenannten sozialen Physiologie sind beide Bereiche eine Einheit, sind dennoch einerseits zu unterscheiden, durchdringen sich andererseits jedoch und stellen den ganzen Gegenstandsbereich der Soziologie dar. Während die Physiologie den sozialen Funktionszusammenhang der Gesellschaft untersucht, widmet sich die Morphologie dem sogenannten materiellen Substrat der Gesellschaft. Darunter fallen all diejenigen Phänomene, bei denen das Soziale eine sichtbare bzw. eine greifbare Gestalt annimmt. Offensichtlich verknüpfen die bisherigen und die nachfolgenden Erörterungen die funktionale Sicht und die Gestaltlehre der materiellen Substrate. Insofern wollen wir die Konturen des Alters aus dem Zusammenhang von generativen Mechanismen, Strukturbildungen und Wirkungen heraus klären.

(a) Die Bildungsrevolution, die Metamorphose der Geschlechterordnungen und ihre Auswirkungen

Sicherlich gilt, dass die Bildungsexpansion, die sich über die Abfolge der Kohorten in das aktuelle höhere und sodann auch in das höhere Alter der nahen Zukunft transportiert, das Kompetenzprofil im Alter im Durchschnitt positiv verändert hat (Himmelsbach, 2024).

Dies förderte auch Veränderungen in den Geschlechterverhältnissen, da sich auch das Bildungsniveau der Frauen verschob, mit Auswirkungen in der Alterssicherung von Frauen, die nicht nur Mütter waren.

Im Durchschnitt: Denn wir müssen auch die Heterogenität nicht nur als Differenzierung, sondern auch als soziale Ungleichheit extrapolierend in Rechnung stellen. Deshalb sind die Durchschnittsvergleiche zwischen den Kohorten nicht die ganze empirische Wahrheit, sondern auch die Heterogenität, zu deren Bild auch die alternden und alt gewordenen Bildungsverlierer mit ihren brüchigen und prekären Erwerbsbiografien gehören.

(b) Sozialstruktur, Diversität und Armut

Deutschland ist ein Land zwischen Reichtum und Armut, wenn wir auf die Einkommens- und auf die Vermögensverteilung schauen. Nun sind die Reichen *ex definitione* eine numerisch relativ kleine Gruppe, sodass wir schon auf die Ausdifferenzierungen zwischen den wohlhabenden über die gesicherten hin zu den prekären und schließlich zu den marginalisierten und ausgeschlossenen Bevölkerungsteilen schauen müssen. Dieses Spektrum der Schattierungen spiegelt sich auch im Alter. International wird, auch infolge der langanhaltenden neoliberalen Wende, die Erosion von Mittelschichten diskutiert.

Man wird sich leicht verständlich machen, wie sich Bildungseffekte und Einkommenseffekte verknüpfen, wenn man akademisch ausgebildete Menschen im Kontext einer dauerhaften Beschäftigung im öffentlichen Sektor (als Angestellte oder als Beamte) vergleichend altern lässt mit akademisch ausgebildeten Menschen in der höher bezahlten Privatwirtschaft. Ebenso kann man Teilzeiterwerbsbiografien von Frauen hochrechnen auf die Alterssicherung. Die Strukturbrüche von Menschen aus der ehemaligen DDR waren ein breit erforschtes Thema in der Soziologie. Und so kann man auch die ökonomische Alterung von Niedriglohngruppen extrapolieren. Migrationshintergründe (Wonneberger et al., 2023) korrelieren meist mit sozialen Benachteiligungen, doch sind hier auch durchaus Differenzierungen zwischen der Pionierkohorte und den in Deutschland aufwachsenden nachfolgenden Generationen zu beachten. Die Geschlechterunterschiede sind oftmals in der älter gewordenen Bevölkerung mit Migrationshintergrund beträchtlich.

Vor allem aber auch die Vermögensbildungsdifferenzen sind gravierend. Auswertungen des Sozio-oekonomischen Panels (SOEP) zeigen die großen Unterschiede in der Geldvermögensbildung im Alter. Etwas vereinfacht paraphrasiert: Nur ein Drittel hat im Alter relevante Vermögenswerte, ein Drittel irrelevant kleine Vermögenswerte und ein Drittel keine Vermögenswerte. Eine Minderheit besitzt den größten Teil des Vermögens. Dies hat sodann über die Erbschaftsdynamiken erhebliche Auswirkungen auf die transgenerationelle Replikation der ökonomischen Klassenlagen. Orientieren wir uns an der Klassen-, Feld-, Kapitalien- und Habitus-Soziologie von Pierre Bourdieu, dann geht es aber nicht nur um die intentionalen oder auch unbewussten Strategien in der Weitergabe des ökonomischen Kapitals, sondern auch um die Investitionen in das soziale und kulturelle Kapital, das ebenso vererbt wird.

Wir können mit Blick auf das heutige Alter und auch auf das Alter der nahen Zukunft von einer als soziale Ungleichheit definierbaren Differenzierung der ökonomischen Dimension der Lebenslagen ausgehen. So hat die Marktwirtschaft längst die zahlungskräftigen Senior*innen (*silver economy:* Reinhardt & Grunwald, 2023) entdeckt, und es gibt auch die Senior*innen mit Zweitwohnsitz an den Küsten des Mittelmeerraumes oder auf Mallorca. Ebenso hat der Senior*innen-Tourismus eine Boom-Geschichte aufzuweisen: Die Babyboomer boomen hier, zumindest die mit einer guten Alterssicherung und/oder Vermögen.

Die Sozialhilfestatistik zeigt aber auch die Einkommensarmut im Alter an. Die Gruppe der Witwen ohne eigenständige Erwerbsbiografie ist in der Sozialhilfestatistik besonders vertreten. Auch die Sozialhilfeabhängigkeit in der stationären Langzeitpflege ist von beträchtlichem Ausmaß. Die marktorientierte Einführung der Sozialen Pflegeversicherung des SGB XI hat die ambulante Versorgung sicherlich verbessert, wenngleich hier nun der Fachkräftemangel ebenfalls große Versorgungslücken generiert und sich quasi neo-koloniale Formen der informellen sogenannten polnischen Lösung ebenso eingespielt haben wie die massiven

Bemühungen um die Anwerbung aus dem außereuropäischen Raum (Schulz-Nieswandt, 2023i). Doch die tripartistische Finanzierung – (1) Pflegeversicherungsleistungen, (2) eigenes Einkommen und Vermögen sowie die durch Freibeträge geregelte Finanzierungsverpflichtung des ersten Verwandtschaftsgrades eine durchaus problematisierbare biologistische Solidaritätsnorm, und (3) die subsidiär nachrangige Sozialhilfe – hat, je nach der Berücksichtigung der Investitionskosten, zu Eigenanteilen der betroffenen Menschen geführt, die eine Finanzierung der Heimkosten ohne Sozialhilfe immer unwahrscheinlicher werden lassen. Wir können demnach von einer Zunahme sozialer Ungleichheit und einer Ausweitung der Einkommensarmut im Alter der nahen Zukunft ausgehen.

(c) Mobilität, Geografie des Alterns und die regionalen Disparitäten

Es gehört zu den Vorurteilen defizitärer Altersbilder, das Erlernen digitaler Kompetenzen im höheren Alter als problematisch einzuschätzen. Es gibt in der Bevölkerung insgesamt und daher über verschiedene Sozialmilieus und auch Berufsgruppen hinweg Menschen, die nur eingeschränkt technikaffin sind. Überwindet man erst einmal eine gewisse Schwelle und macht den Nutzen erfahrbar, können auch ältere Menschen die digitalen Welten erobern. Dies gilt für die Sozialraumöffnung der Heime ebenso wie für das digital unterstützte *Caring-Community-Building* in den nachbarschaftlichen Wohnumwelten. Analoge Erfahrungen hat die Forschung auch in Modellversuchen mit PC-vernetzten

AAL-Technologien[1] intelligenter Haustechnik oder zum Beispiel auch im Fall von telemedizinischen Modulen in Privathaushalten im höheren Alter sammeln können (Endter, 2021; Pottharst, 2022).

Die digitalen Kompetenzen im Alter der näheren Zukunft werden wohl nicht ein wesentliches Problem darstellen. Aber auch hier wird man – eventuell auch räumlich – mit einer gewissen Heterogenität zu tun haben.

Auch die These, ältere Bäume verpflanze man nicht, gehört zu den undifferenzierten Vorurteilen, hier nun im Modus einer Metapher. Denn es kommt darauf an: Die Erfahrungen gehen dahin, dass es für bestimmte Sozialmilieus natürlich ein Finanzierungproblem, aber auch eine Frage der Organisation und des begleitenden Managements ist, wobei es vor allem auch um die Schaffung einer verlässlichen Vertrauenssituation geht. Auch hier muss der Netto-Nutzen (Brutto-Nutzen minus Verlusterfahrungen) transparent nachvollziehbar gemacht werden. Die theoretische *ex-ante*-Nutzenerwartung wird sich dann *ex post* als erfahrbar einstellen. Man kann Umzugsmanagement – etwa im kooperativen Verbund von Wohnungsgenossenschaften und ihrer Bestandspflege einerseits und städtischer Sozialarbeit im Rahmen der Stadtteilentwicklungsarbeit andererseits – auch als positive Beispiele für die Arbeit an einem gelingenden Generationenmix (ältere Single-Haushalte und Familien mit Kindern) verstehen lernen.

Auch gibt es eine Netzwerk-orientierte »Altenwanderung«, nicht nur im Fall wohlhabender älter gewordener

1 *Ambient Assicted Living:* technische Assistenzsysteme für Menschen mit Unterstützungsbedarf

Menschen in Richtung gentrifizierter ländlicher Räume im Umkreis von Metropolen, sondern auch als die Suche nach Nähe zu den eigenen Kindern, zum Beispiel im Fall der Verwitwung.

Versteht man diese Bildung haushaltsübergreifender Netzwerknähe im Lichte des Theorems der »Intimität auf Distanz« des bereits einmal zitierten Soziologen Leopold Rosenmayr (1978), so mag dies familienbiografisch oftmals die bessere Lösung sein als spannungsvolle Mehrgenerationenhaushalte unter der Bedingung räumlicher und emotionaler Enge. Psychodynamisch – je nach biografischen Vorgeschichten und affektueller Aufstellung – mögen aber durchaus Mehrgenerationenwohnhäuser relevante Perspektiven darstellen.

Deutlich anders stellt sich die Übersiedlung in die stationäre Langzeitpflege dar. Hier liegen vielfach Statuspassagen-Erlebniserfahrungen vor, die als kritische Lebensereignisse zu verstehen sind und bei den übersiedelnden Menschen Einbrüche im seelischen und körperlichen Wohlbefinden auslösen. Die traumatisch anmutenden Situationen mögen dann rationalisiert werden (Sicherheitserwägungen, sodass das Herz ein Nein, der Verstand aber ein Ja formuliert); alle Sozialforschungserfahrungen zeigen jedoch, dass es kaum Präferenzen für eine stationäre Langzeitlösung in der betroffenen Bevölkerung gibt. Es zeichnet sich ab, dass das Alter der nahen Zukunft nach differenzierteren Möglichkeiten des Wohnens suchen wird. Dazu kommen wir gleich.

Probleme ergeben sich vor allem für das Wohnen in strukturschwachen peripheren ländlichen Räumen (Heusinger et al., 2023), die von der selektiven Abwanderung (des Humankapitals) der jüngeren Bevölkerung betroffen und von Infrastrukturerosionen geprägt sind. Schon in dem soeben angesprochenen Thema der Heimübersiedlung zeigen die vorliegenden Studien, dass es nicht immer der Grad schwerer Pflegebedürftigkeit ist, der die Übersiedlung erklärend rechtfertigt, sondern die Netzwerklosigkeit bzw. die beschränkte Verfügbarkeit nicht hinreichend belastbarer Netzwerke. Mitunter ist es tragisch, wie die »Ontodramatik« des Lebens verläuft: Ein Leben lang (wie, so nennt es die Gerontologie, ein *social convoy*) eingebettet in dichte Netze familialer Beziehungen, überlebt nun eine hochaltrige Frau ihren zweiten Mann und ihre Kinder. Mitunter muss eine hochaltrige Mutter auch ihre ältere Tochter in einem Heim unterbringen. Netzwerkausdünnungen sind ein bedeutsamer Risikofaktor in der Vulnerabilität des hohen Alters.

Eine Geografie des Alterns (Friedrich, 2021), auch als *geography of social welfare* in Bezug auf die Versorgungslandschaften von *Care* und *Cure*, lenkt unseren Blick auf eine Vielfalt von Typen, wobei die Differenz zwischen verschiedenen Typen ländlicher Räume höher ist als die Differenz des Urbanen und des Städtischen.

Es gehört zu problematischen romantischen Mythen, wonach die Solidarität in dörflichen Siedlungstypen traditionell hoch ist, während der Moloch Großstadt – ein Topos der klassischen Großstadtzivilisationskritik – von sozialer Isolation und Einsamkeit geprägt sei. Dabei wird übersehen, dass Menschen nicht abstrakt in einer Stadt, sondern in Quartieren leben und viele urbane Räume dergestalt Ballungen von Dörfern sind. Auch übersieht (oder de-thematisiert) man in der romantischen Konstruktion des Dorflebens mitunter gerne die dortigen Probleme der Nähe und der sozialen Kontrolle. In einem Lied von Reinhard Mey wird diese Ambiguität humorvoll verarbeitet: Lebt man in der Stadt, will man ins Dorf; ist man im Dorf, will man (zurück) in die Stadt, denn Stadtluft macht frei. Es erinnert an den Spruch von Kant, wonach der Mensch ein knorriges Stück Holz ist, das man nicht geradebiegen kann: Ist der Mensch allein, sucht er die Gemeinschaft; ist er in Gemeinschaft, sucht er wieder die Vereinzelung.

Wohngruppen auf dem Land auf umgebauten Bauernhöfen sind aber im Alter der nahen Zukunft sicherlich ebenso ein Thema wie Wohn- und Hausgemeinschaften sowie ferner komplexere Wohnformen wie integrative (inklusive) Mehrgenerationenwohnanlagen im urbanen Raum. Die Wahl mag getroffen werden je nach Psychodynamik als Grammatik der Bedürftigkeit nach Nähe und Distanz oder gemäß dispositiver Haltung zwischen Offenheit und Verschlossenheit sowie gemäß dem Wunsch nach genossenschaftsartiger Reziprozität als Prinzip der Gegenseitigkeitssolidarität des Gebens und Nehmens, die wir weiter oben bereits als Miteinanderfreiheit in Miteinanderverantwortung (Schulz-Nieswandt, 2022a) definiert haben.

Die Wohnraumverknappungen sind dagegen in vielen Städten und urbanen Agglomerationsräumen ein Problem des Wohnens im Alter. Auch das Wohnen in alt gewordenen und alles andere als barrierefreien Einfamilienhäusern in zunehmend entleerten und infrastrukturschwachen ländlichen Räumen im Umkreis von metropolitanen Städten (zum Beispiel Köln und die Eifel) wirft Probleme auf.

Bei alternativen gemeinschaftlichen Wohnformen wird

die Frage der Selbstorganisation (von der Idee bis zur Projektrealisation) und der Selbstverwaltung der Wohnform als Lebensform sicherlich in bestimmten Sozialmilieus im Alter der nahen Zukunft das signifikante Differenzmerkmal sein im Vergleich zu Wohngruppen oder Hausgemeinschaftsmodulen in institutionellen Einrichtungen. Diese mögen zwar zur alltagsorientierten Normalisierung des institutionellen Wohnens (einschließlich Gartenanlage und Tierhaltung) beitragen, aber dennoch andersartige Erlebniserfahrungsräume darstellen.

All diese thematischen Dimensionen oder Aspekte sind gerahmt von der raumordnungspolitischen Meta-Idee der im Art. 72 (2) GG so genannten »erstellung gleichwertiger Lebensverhältnisse«. In der fachlichen Thematisierung ist dies auch europapolitisch ein anerkanntes Thema, wenn man den Blick auf die Politik des Sozialfonds und des Fonds der regionalen Entwicklung, die ja mitunter zusammenwirken, richtet. Die Auswirkungen regionaler Disparitäten korreliert nicht nur mit sozialen und auch ökologischen Kosten der urbanen Ballung und der Entleerung ländlicher Räume, sondern bedroht auch den gesamtgesellschaftlichen Zusammenhalt (Ratzenböck et al., 2023).

(d) Sozialraumentwicklung und Wohnformen

Das Thema der Wohnformen ist soeben bereits in wichtigen, aber dennoch ausgewählten Perspektiven angesprochen worden. Das Alter der nahen Zukunft wird jedoch in wenig differenzierten Landschaften der Wohnformen hineinwachsen. Alternative Wohnformen, wie sie soeben angesprochen worden sind, stellen (so der Wohnatlas des Kuratorium Deutsche Altershilfe [KDA]/Wüstenrot Stiftung, 2014) nur ca. 1,5 % der Wohnformangebote dar. Es dominiert vielmehr eine gewisse Dichotomie: Die Menschen altern überwiegend in privater Häuslichkeit, in Mietwohnungen oder im Eigentum.

75 % der Langzeitpflege findet – mehr oder weniger gelingend – in diesen Settings statt, während 25 % der Pflege in institutionellen Settings realisiert wird, wobei seit einiger Zeit die Tagespflege (Schulz-Nieswandt, 2023p) boomt. Eine andere Perspektive ist das betreute Wohnen (Boggatz, 2019; Kremer-Preiß et al., 2019).

Das Gelingen eines selbstbestimmten, selbstständigen und teilhabenden Daseins, insbesondere sodann natürlich auch in der Belastungssituation häuslicher Pflege als Pflegearrangement, hängt von der Familiensituation und von der wohnumfeldlichen Vernetzung ab. Dies wurde (rechtlich in § 8 SGB XI als neue Kultur des Helfens und Pflege ausformuliert) früher als »Hilfe-Mix« oder »*Welfare*-Mix«, heute auch als *Caring Communities*[2] bezeichnet und wird in der Forschung weitgehend netzwerktheoretisch im Lichte der Theorie des Sozialkapitals (Meißelbach, 2019) diskutiert. Die Kommission des 7. Altenberichts der Bundesregierung sprach von »lokalen Sorgegemeinschaften«.

Der § 8 SGB XI lautet im Absatz 1 und 2 wie folgt:

---

2 Trotz Schnittflächen ist dies zu unterscheiden von eher politischen Ideen der Organisation der Zivilgesellschaft im Rahmen der *Community-Building*-Idee unter anderem in Verbindung mit inklusiven Stadtteilkonferenzen; diese wiederum sind zu unterscheiden von problem- und zielgruppenzentrierten Gesundheits-, Pflege- oder Teilhabekonferenzen.

»(1) Die pflegerische Versorgung der Bevölkerung ist eine gesamtgesellschaftliche Aufgabe.

(2) Die Länder, die Kommunen, die Pflegeeinrichtungen und die Pflegekassen wirken unter Beteiligung des Medizinischen Dienstes eng zusammen, um eine leistungsfähige, regional gegliederte, ortsnahe und aufeinander abgestimmte ambulante und stationäre pflegerische Versorgung der Bevölkerung zu gewährleisten. Sie tragen zum Ausbau und zur Weiterentwicklung der notwendigen pflegerischen Versorgungsstrukturen bei; das gilt insbesondere für die Ergänzung des Angebots an häuslicher und stationärer Pflege durch neue Formen der teilstationären Pflege und Kurzzeitpflege sowie für die Vorhaltung eines Angebots von die Pflege ergänzenden Leistungen zur medizinischen Rehabilitation. Sie unterstützen und fördern darüber hinaus die Bereitschaft zu einer humanen Pflege und Betreuung durch hauptberufliche und ehrenamtliche Pflegekräfte sowie durch Angehörige, Nachbarn und Selbsthilfegruppen und wirken so auf eine neue Kultur des Helfens und der mitmenschlichen Zuwendung hin.«

Die Sozialraum-Idee wird mit Blick auf professionelle Sektoren und Module im Sinne sozialer Infrastruktur gleich nochmals vertiefend aufgegriffen, muss hier nun aber definiert und erörtert werden, zumal davon auszugehen sein wird, dass der mit der Bildung korrelierte Wandel der Wohnformenpräferenzen im Alter der nahen Zukunft diese Alternativen lebensweltlicher Netzwerkstrukturen im Quartier stärker als bislang einfordern wird.

Der Sozialraum – wie noch zu zeigen sein wird: eingebettet im Kontext kommunaler Daseinsvorsorge (Schulz-Nieswandt, 2023b) – ist raumtheoretisch nicht als physischer Container zu verstehen. Sicherlich spielt die Örtlichkeit eine fundamentale und zentrale Rolle im Verständnis der zwischenmenschlichen Begegnungen, eben auch angesichts der Leiblichkeit des Menschen im Fall von Pflegebedürftigkeiten, doch sind auch digitale Räume zu verstehen als Möglichkeiten der sozialen Unterstützung und der sozialen Integration.

Der Sozialraum sei folglich vielmehr definiert als der soziale Wohlfahrtsnutzen, der aus den sozialen Netzwerken für die Menschen resultiert und definiert werden kann (1) als soziale Unterstützung durch den Empfang von Gaben im Modus des Gebens, (2) als soziale Integration als Inklusion in soziale Beziehungen und (3) als Personalisierungschance durch das soziale Engagement des Gebens sozialer Unterstützung (mit Bezug auf die Dimension [1]). Die Dimensionen (1) und (3) stellen die zwei Seiten der Reziprozitätsbeziehung des Netzes dar und sind eingebettet in die Dimension (2).

Diese Sozialkapitalproduktion der Netzwerke ist in der lokalen Örtlichkeit des nachbarschaftlichen Umfeldes des Quartiers angesiedelt, wie auch die Corona-Krise zeigen konnte (Bauer & Egger, 2023). Diese eher informellen Ressourcen, wenngleich sie aber auch formalisierbar sind in Rechtsformen des gemeinnützigen Vereins oder einer (gemeinnützigen) Genossenschaft, sind sodann im regionalen Kontext zu verknüpfen mit professionellen Infrastrukturen.

Die *Caring Communities* wie auch der Sozialraum insgesamt sind nicht immer schon »da«, als vorgängig gegeben (die Idee mag so verstanden werden, weil es ja den physischen Raum gibt), sondern müssen immer erst noch generiert und sodann nachhaltig gepflegt und weiterentwickelt werden, denn ein Raum kann auch leer, also unbelebt sein. Erst der gelebte Raum ist ein Sozialraum, also ein Raum sozialer Beziehungen. Die Erfahrung zeigt, dass es zu dieser Sozialraumentwicklungsarbeit lokale/regionale Agenturen der Netzwerkgenerierung im Kontext kommunaler Daseinsvorsorge bedarf (Heerdt & Schulz-Nieswandt, 2022).

(e) Versorgungslandschaften von *Cure* und *Care*: Gesundheit, Pflege und Soziales

Insgesamt geht es um die komplexe personzentrierte (Schulz-Nieswandt, 2023f) zielgruppen- und somit diversitätssensible sowie bedarfsspezifische und niedrigschwellige Umsetzung der Idee wohnortzentrierter und daher quartiersbezogener, transsektoral integrierter sozialer, medizinischer und pflegerischer Versorgungsstrukturen ambulanter, teilstationärer und stationärer Art. Hier knüpfen wir an den weiter oben zitierten § 8 (1 und 2) SGB XI an.

Hierzu gibt es durchaus gute Praxisbeispiele, meist aber nur Modellversuche, ohne dass diese sodann in die Transformation der etablierten Versorgungslandschaften eingingen. Dies betrifft auch den geringen transformativen Ertrag, den die Einführung der Integrationsversorgungsmöglichkeiten des § 140a–h SGB V, später § 140a–d SGB V, heute der § 140a SGB V (»besondere Versorgungsformen«) in Verbindung mit § 92b SGB XI gebracht hat (Schulz-Nieswandt, 2023d). Es bleibt abzuwarten, was etwa aus dem Gesetzesentwurf zur Einführung von Primärversorgungszentren im SGB V werden wird.

Mit Blick auf die Alterung der Gesellschaft und somit eben auch in Hinsicht auf die Frage der Lebenslagen des Alters der nahen Zukunft wird man überaus deutlich herausstellen müssen, dass mit den Betriebsformen der etablierten Versorgung – singuläre Akutkrankenhäuser und niedergelassene Ärzte (m/w/d) als Einzelkämpfer, Heimstrukturen und ambulante Pflege für netzwerkarme Privathaushalte – keine altersgerechten Landschaften gestrickt werden können. Das Problem der Krankenhausentlassung (Schulz-Nieswandt, 2019d) im Sinne von § 11 (4) SGB VI als Teil des Krankenhausversorgungsauftrages gemäß § 39 SGB V ist mit Blick auf die Vulnerabilität von hochaltrigen Single-Haushalten ohne *Caring Communities* nicht möglich.

§ 11 (4) SGB V lautet:

> »Versicherte haben Anspruch auf ein Versorgungsmanagement insbesondere zur Lösung von Problemen beim Übergang in die verschiedenen Versorgungsbereiche; dies umfasst auch die fachärztliche Anschlussversorgung. Die betroffenen Leistungserbringer sorgen für eine sachgerechte Anschlussversorgung des Versicherten und übermitteln sich gegenseitig die erforderlichen Informationen. Sie sind zur Erfüllung dieser Aufgabe von den Krankenkassen zu unterstützen. In das Versorgungsmanagement sind die Pflegeeinrichtungen einzubeziehen; dabei ist eine enge Zusammenarbeit mit Pflegeberatern und Pflegeberaterinnen nach §7a des Elften Buches zu gewährleisten. Das Versorgungsmanagement und eine dazu erforderliche Übermittlung von Daten darf nur mit Einwilligung und nach vorheriger Information des Versicher-

> ten erfolgen. Soweit in Verträgen nach §140a nicht bereits entsprechende Regelungen vereinbart sind, ist das Nähere im Rahmen von Verträgen mit sonstigen Leistungserbringern der gesetzlichen Krankenversicherung und mit Leistungserbringern nach dem Elften Buch sowie mit den Pflegekassen zu regeln.«

Entsprechend lautet es in § 39 (1a) SGB V: »Die Krankenhausbehandlung umfasst ein Entlassmanagement zur Unterstützung einer sektorenübergreifenden Versorgung der Versicherten beim Übergang in die Versorgung nach Krankenhausbehandlung. § 11 Absatz 4 Satz 4 gilt.«

Papier, auch das Papier, auf dem Sozialgesetze niedergeschrieben sind, ist geduldig. Im Alltagsdrama der sozialen Wirklichkeit sind zentrale Probleme ungelöst. Was in § 43 (2) SGB V als *Case Management* in Grenzen für Kinder und Jugendliche ermöglicht wird, fehlt im Alter. Es geht um das Thema *Bridging the Gap* im Sinne von *transitional planning* zwischen Krankenhaus und Privathaushalt, um die Gestaltung dieser *No Care Zone*.

Dazu müssen Pflegestützpunkte (falls gemäß § 7c SGB XI in den Ländern vorhanden), Selbsthilfekontaktstellen gemäß § 20h SGB V und § 45d SGB XI, Alltagsbegleitung und Betreuungsleistungen im Sinne von § 45a–c SGB XI, kommunale Leistungen im Sinne von § 71 SGB XII vor dem Hintergrund des § 17 SGB I in Bezug auf § 1 SGB I, aber auch die Netzwerkförderung in § 45c (9) SGB XI u. v. a. m. zusammenwirken mit Familie, Nachbarschaften und Formen bürgerschaftlichen Engagements.

Aus § 17 SGB I zitiere ich den hier relevanten Ausschnitt:

»(1) Die Leistungsträger sind verpflichtet, darauf hinzuwirken, daß

1. jeder Berechtigte die ihm zustehenden Sozialleistungen in zeitgemäßer Weise, umfassend und zügig erhält,
2. die zur Ausführung von Sozialleistungen erforderlichen sozialen Dienste und Einrichtungen rechtzeitig und ausreichend zur Verfügung stehen,
3. der Zugang zu den Sozialleistungen möglichst einfach gestaltet wird, insbesondere durch Verwendung allgemein verständlicher Antragsvordrucke und
4. ihre Verwaltungs- und Dienstgebäude frei von Zugangs- und Kommunikationsbarrieren sind und Sozialleistungen in barrierefreien Räumen und Anlagen ausgeführt werden.«

Aus dem §7c SGB XI zitiere ist den für uns hier wichtigsten Abschnitt:

»(1) Zur wohnortnahen Beratung, Versorgung und Betreuung der Versicherten richten die Pflegekassen und Krankenkassen Pflegestützpunkte ein, sofern die zuständige oberste Landesbehörde dies bestimmt. (...)

(2) Aufgaben der Pflegestützpunkte sind

1. umfassende sowie unabhängige Auskunft und Beratung zu den Rechten und Pflichten nach dem Sozialgesetzbuch und zur Auswahl und Inanspruchnahme der bundes- oder landesrechtlich vorgesehenen Sozialleistungen und sonstigen Hilfsangebote einschließlich der Pflegeberatung nach §7a in Verbindung mit den Richtlinien nach §17 Absatz 1a,

2. Koordinierung aller für die wohnortnahe Versorgung und Betreuung in Betracht kommenden gesundheitsfördernden, präventiven, kurativen, rehabilitativen und sonstigen medizinischen sowie pflegerischen und sozialen Hilfs- und Unterstützungsangebote einschließlich der Hilfestellung bei der Inanspruchnahme der Leistungen,
3. Vernetzung aufeinander abgestimmter pflegerischer und sozialer Versorgungs- und Betreuungsangebote.«

Das Alter der nahen Zukunft will weder institutionalisiert noch hospitalisiert werden, sondern im Lichte der normativen Leitsterne der Selbstbestimmung, Selbstständigkeit und Teilhabe als konstitutive Dimensionen der personalen Würde des Art. 1 GG ihr Recht auf eine im Sozialraum integrierte Lebensführung in auswählbaren Wohnformen zur Geltung bringen.

Allerdings ist dieses Denken der De-Institutionalisierung (Dörner, 2007), der Normalisierung und der Sozialraumorientierung im Sektor der Arbeit mit (und nicht nur für) Menschen mit Behinderungen und auch in der Psychiatrie als Tradition der Gemeinwesensarbeit weiterentwickelt als in der sogenannten Alters- und Altenhilfe. Auch die gemeinschaftliche Gesundheitsselbsthilfe (Schulz-Nieswandt et al., 2022b) gemäß § 20h SGB V ist etablierter als die neuere Angehörigenpflegeselbsthilfe gemäß § 45d SGB XI. Man mag die Tradition der »totalen Institutionen«, wie es der Mikrosoziologe Erving Goffman (1973) nannte, heute unbedingt differenziert sehen, überwunden ist dieses Anstaltswesen, lange Zeit genealogisch verankert im organisierten »Liebespatriarchalismus«, noch nicht.

(f) Die Altersstruktur und die Auswirkungen auf das politische System der Demokratie

Wir formulierten ja bereits weiter oben, dass sich ein im Durchschnitt höher gebildetes Alter abzeichnet. Dies wird Auswirkungen auf viele wichtige Dimensionen des gesellschaftlichen Lebens haben. Denn wir haben es ja mit vielerlei Kompetenzen im Alter zu tun, nicht einfach nur mit Funktionseinbußen und Lebensbewältigungsdefiziten.

Kontrovers wird diskutiert, was dies wohl für eine »Rentner*innendemokratie« bedeuten könnte. Aber die Altersklasse ist in ihren Lebenslagen und daher auch in ihren Denkformen sowie Werteorientierungen derartig differenziert, dass diese Unmöglichkeit der Homogenität deutlich macht, dass sich die ältere Wählerschaft nicht gleichartig verhalten wird, zum Beispiel hinsichtlich der Jugend als Enkelgeneration und gegenüber der Kindergeneration, was aber eine soziologische Voraussetzung für eine Gerontokratie (Richter, 2020) wäre. Auf die These vom »Krieg der Generationen« (Pantel, 2022; Schulz, 2022) kommen wir nochmals zurück. Die Forschung der Psychologie des Alterns über die Lebensspanne hinweg spricht aber eher für eine Kontinuitätsthese: Die Wertestruktur und die gesellschaftspolitischen Positionen aus der Jugend schreiben sich in das Alter hinein fort. Im Zuge des Alterns wird der Mensch also nicht zwingend und automatisch konservativer.

Allerdings kann man nur messen, was man vorher definiert hat. Daher müssten wir uns vertiefend mit der Semantik des Konservatismus auseinandersetzen. So ist die Unterscheidung von Strukturkonservatismus und Wertkonservatismus wichtig. Die neuen kompetenten Alten werden Strukturen der Lebensformermöglichung verändern wollen, während oder weil ihre Werte konstant bleiben, nämlich teilhabende Autonomie einfordernd.

Auch die Differenz von sozialem Konservatismus und restaurativem Reaktionismus ist bedeutsam. Die Schlussfolgerung wäre, dass die Altersstruktur der nahen Zukunft nicht einen politischen Konservatismus bedeuten muss. Bedacht werden muss ja, dass wir zwar nunmehr auch den quantitativ bedeutsamen Babyboomer-Effekt (Becker, 2014) spüren werden, aber eben auch den qualitativen Altersstruktureffekt der 1968er Kulturrevolution (Bruns et al., 2007).

Entscheidend dürfte aber auch sein, dass alle verfügbaren soziologischen Datensätze nicht überaus deutlich für die These eines »Krieges zwischen den Generationen« sprechen. Der sogenannte Generationenvertrag wird zwar hinsichtlich der nachhaltigen Funktionsfähigkeit problematisiert, aber nicht in fundamentaler und sodann reformradikaler Weise infrage gestellt. Dies gilt zumindest bislang im Sinne einer Mehrheitlichkeit. Die soziologischen, auch international vergleichenden Daten zeigen auch, dass die familialen bzw. verwandtschaftlichen Austauschbeziehungen vielmehr von bleibenden solidarischen Ideen geprägt sind. Und falls es zu einem signifikant eskalierenden Konflikt kommt, wird es, worauf die berühmte Kulturanthropologin Margaret Mead (2000) als Arbeit an einer Kultur des Friedens (Neidhöfer, 2021) hingewiesen hat, auf die Offenheit und auf die Fähigkeit des dialogischen Prinzips – um an das große Werk (Fries, 2023) von Martin Buber (2006) anzuknüpfen – ankommen (Mann & Weisband, 2023).

Aber ein Risiko besteht in einem anderen Effekt: Die massenmedialen Erzählungen vom Zerfall der Generationenbeziehungen können dazu führen, dass die Menschen anfangen, dieser Einschätzung zu folgen und sodann ihr Verhalten anpassen. Menschliches Verhalten variiert weniger mit der objektiven als mit der geglaubten Realität.

Hinsichtlich der politischen Landschaft einer gealterten Bundesrepublik Deutschland ist auch die soziologische Sichtung des Wertewandels in der Nachkriegsentwicklung zu beachten. Dabei wollen wir hier nicht die Debatten über die X-, Y- und Z-Generationen durchdeklinieren. Diesbezüglich ist doch vieles strittig. Vor allem sind hier unplausible Homogenitätsannahmen im Spiel. Die jugendsoziologischen Studien zeigen doch eine hohe interindividuelle Varianz, die sich entsprechend der Kontinuitätsthese auch in das Altern hinein fortschreiben wird. Hinzu kommt, dass die neueren Generationen-Typen in ihrer Altersstruktur nicht relevant sind für die Erörterung des Alters der nahen Zukunft.

Psychologisch spricht vieles dafür, dass Menschen besonders jene Dinge wertschätzen, die knapp sind. In der Kriegs- und unmittelbaren Nachkriegszeit war dies der ökonomische Wohlstand. Der sogenannte Materialismus in der Werteorientierung war daher in diesen Generationen verständlich. Die nachfolgenden Generationen, die aus dem Wirtschaftswunder heraus heranwuchsen, entwickelten – dies war auch bedeutsam in der 1968er Kulturrevolution – postmaterielle Werte. Heute geht die Forschung davon aus, dass viele Menschen gemischte – materielle und postmaterielle – Wertestrukturen aufweisen (Rödder, 2006).

12.3 Daseinsthemen

Nun sollen nochmals ausgewählte Daseinsthemen aufgegriffen und diskutiert werden. Alle Aspekte sind bereits in dem vorliegenden Essay angesprochen worden und ordnen sich in die soeben erörterten Dimensionen der Trendanalysen ein.

(a) Einsamkeit und sozialer Tod

Die Prävalenzen für Einsamkeit (Stallberg, 2021) im Alter werden vielfach überschätzt. Dies mag eine Übertragungs-Gegenübertragungsdynamik angesichts eines empathischen Mitleidsgefühls gegenüber einer imaginierten Vulnerabilität sein. So sind Hypothesen, alte Menschen würden von der Familie ins Heim abgeschoben werden oder die jüngere Generation pflege kaum Besuchskontakte bei den häuslich wohnenden älteren Menschen, sehr verbreitet. Und gewiss gibt es derlei Phänomene, aus welchen Gründen auch immer. Aber vielfach besteht ja das Problem des hohen Alters im Fehlen von Netzwerken. Frauen überleben ihre Männer und auch ihre Söhne; falls die Mutter 80 Jahre alt ist, mag die eigene Tochter selbst eine ältere Arbeitnehmerin sein, vielleicht bereits chronische Krankheiten aufweisen, weit weg leben etc., und den studierenden Enkeln will und kann man auch objektiv nicht Rollen zumuten, die – durchaus eine Problemstellung der angewandten Ethik – sie überfordern werden.

Das deutlich angestiegene Eintrittsalter älterer Menschen in die Einrichtungen der stationären Langzeitpflege ist oftmals der Indikator für fehlende Netzwerke, die ein Verbleiben in den gewohnten häuslichen Kontexten verunmöglichen, auch wegen der fehlenden *Caring-Community*-Alternativen des Sozialraums oder wegen des Fehlens alternativer Wohnformen zwischen privater Häuslichkeit einerseits und dem Heim andererseits, denn dieser binäre Code prägt das Spektrum der nicht sehr ausdifferenzierten, also an Wahlfreiheit nicht gerade blühenden Wohnformenlandschaft. Es fehlt die soziale Fantasie – *Caring-Community*-Entwicklung ist aufwendiger und bedarf nachhaltigerer Pflege als der Bau von Heimbettenkapazitäten, deren Architektur klotzartig (auch in der Innenarchitektur) immer noch an Akutkrankenhäuser erinnert. Die Klötze sind eben Ausdrucksgestalt der ökonomischen Betriebsgrößenvorteile.

Und Heime können – nicht nur in den Zeiten von Corona – Orte der Einsamkeit sein. Die Wohn- und Lebensqualität im Lichte der normativ-rechtlichen Vorgaben und im Lichte der Idee der Aktualgenese (Schulz-Nieswandt, 2023p) sowie der Normalisierung eines Alltagslebens verweisen auf ein Ampelsystem (Schulz-Nieswandt, 2020d): Es gibt grüne, gelbe und rote Häuser. Die roten Einrichtungen müsste man eigentlich schließen, doch die Wartelisten erlauben dies nicht. Die gelben Häuser müssten sich entscheiden, wohin sie driften wollen, nach oben in die grüne Zone oder nach unten in die rote Zone der Skala. Es gibt also durchaus auch die sogenannten *good-practice*-Beispiele im grünen Bereich der Skala. Doch die Frage nach ausdifferenzierten Formen des unterstützten Wohnens im Alter bleibt auch hier bestehen.

Einsamkeit im Alter, sich der nicht trivialen Aufgabe der Definition und Messung des Konstrukts bewusst seiend, beläuft sich wahrscheinlich auf Prävalenzen von ca. 14 %. Das ist nicht eine mehrheitliche Masse, aber konstituiert dennoch eine relevante Zielgruppe der Sozialpolitik.

International vergleichende Studien haben auch gezeigt, dass Alleinwohnen in Single-Haushalten nicht gleichbedeutend ist mit Einsamkeit. Es kommt eben darauf an, ob und inwieweit alleinlebende Menschen haushaltsübergreifende Netzwerkstrukturen haben. Dies ist eine soziologische Frage über die Verfügbarkeit von Sozialkapital (Meißelbach, 2019). Überhaupt wissen wir aus der persönlichkeitspsychologischen Forschung, dass für manche Menschen Alleinsein nicht mit Einsamkeit verbunden sein muss, weil man eine entsprechende authentische und souveräne Art und Weise des Mit-sich-selbst-etwas-anfangen-Könnens und mit den Zeitformen (Sorgearbeitszeit, Freizeit, freie Zeit, Mußezeit) und Zeitbudgets erlernt hat.

Was der Jugend vorgeworfen wird mit Blick auf die Nutzungspraktiken digitaler Medien, ist in vielen Sozialmilieus üblicher Alltag im Alter: Der Fernseher läuft und der alte Mensch verbringt viel Zeit davor, sitzend, also ohne Bewegung, was für die Gesundheit nicht förderlich ist.

Der Gang zum Friedhof mag hier eher förderlich sein. Dieser Ort ist, es gibt einige *cultural studies* dazu, oftmals auch ein Ort der Kommunikation. Für Männer mag immer noch die Kneipe oder Gaststätte (Schulz-Nieswandt & Moldenhauer, 2023), im griechischen Dorf das »Kafenion«[3], ein sogenannter Dritter Ort sein, früher zwischen Arbeitsplatz und Familie (Haushalt), heute zwischen erinnerter Arbeitsstätte

3 Schulz-Nieswandt, 2023f: Altentreffs sind ein etabliertes Thema in der Ethnologie.

und dem Privathaushalt. Immer muss man die Sozialstruktur – und somit auch Milieus der Hochkultur und Milieus der Volkskultur unterscheidend – im Hinterkopf der Ordnung der heterogenen sozialen Tatsachen und sozialen Praktiken im Auge behalten. Welche Kulturstile im Alter, mit welchen Ambivalenzen, werden sich herausbilden (Kolland & Gallistl, 2022)?

Die durchschnittlich steigende Bildung im Alter der nahen Zukunft lässt hier die Hypothese als evident erscheinen, dass die Menschen entsprechende Kompetenzen kultureller Zeitnutzung aufweisen werden. Aber, so hatten wir das Problem der Sozialstruktur definiert, Heterogenität verweist auf Differenzierungen, die nicht einfach nur Diversität meint, sondern auch Formen der sozialen Ungleichheit und der sozialen Ausgrenzungen.

Insofern gehört die Beobachtung des Risikos des sozialen Todes als Ausdrucksgestalt der strukturellen Gewalt eines erzwungenen (zumindest eines sozial erwarteten) Disengagements zum Möglichkeitsspektrum. Mitunter mögen ältere Menschen diese Gewalt (vor dem Horizont von Scham- und Ehrgefühlen: Dietrich, 2017) auch antizipieren und – mehr oder weniger unbewusst – quasi freiwillig ihren Rückzug antreten. Ein gravierendes Problem der Altersdiskriminierung ist die Verdrängung oder gar negative Ästhetik der Sexualität im höheren Alter. Auch dies ist eine Formdimension des sozialen Todes.

Oftmals sind es Bilder des Ekels, die hier generiert werden. Ekel gegenüber dem Alter als das Andersartige mag sich dann bis zum Dämonenabwehrzauber apotropäischer Praktiken steigern (Schulz-Nieswandt, 2021b, 2021c). Die von Demenz geprägten Bewohner*innen einer Wohngemeinschaft im Quartier – also die »Bekloppten« – sollen nicht frei herumlaufen. Und wegen des Verfalls der Immobilienwerte gilt für Einrichtungen der Lebenshilfe das St.-Florians-Prinzip: irgendwo anzusiedeln, aber bitte nicht in unserem Viertel. Die Asylcontainer-Dörfer gehören in diesem topografischen Weltbild ja auch an den Stadtrand oder ins Industrieansiedlungsviertel.

(b) Generationenbeziehungen

Eher hoffnungsvoll stimmen bundesdeutsche und international vergleichende Studienergebnisse über die sozialen Austauschbeziehungen in Familien und Verwandtschaftsbeziehungen, aber auch die Befunde über die gesellschaftlichen Generationenbeziehungen, die Akzeptanz der unterschiedlich umverteilungsintensiven Sozialschutzsysteme sowie die Daten über das nicht erodierende Freiwilligenengagement.

Generationenbeziehungen sind nicht konfliktfrei. Das wäre für die sozialwissenschaftliche Betrachtung und Beurteilung auch verdächtig. Konflikte sind normal und auch in einem bestimmten Sinne produktiv: Mit sozial befriedigend bewältigten Konflikten wächst der Mensch. Der Mensch wächst, manchmal auch über sich hinaus, mit seinen Aufgaben.

Natürlich gibt es auch Anomien. Brüchige Bindungserfahrungen oder gar Traumatisierungen in der Kindheit und im Aufwachsen (durch Gewalt und Missbrauch) werfen dann ihre Schatten. Mag sein, dass sich vielfältige Formen prekärer Familien auf das weitere Altern und auf die Konturen des Alters der

Zukunft negativ auswirken werden – die Dynamik der frühen Hilfen und der familienbezogenen Leistungen im SGB VIII-Feld sind Krisenindikatoren, die den Staat als Wächter des Kindeswohls mitunter zu Grundrechtsgüterabwägungen zwischen dem Kindeswohl einerseits und dem natürlichen Recht der Eltern auf die Erziehung ihrer Kinder (Art. 13 GG) zwingen. Hierzu mag man die Studien zu den psychodynamischen Langzeitwirkungen der Heimerziehung heranziehen. Dies ist Teil der Erzählung von der interindividuellen Varianz und der Landschaft der vielen Gesichter des Alters.

Im Alter geht es nicht mehr um das Kindeswohl, wohl aber um Erwachsenenschutz. Gewalt in Pflegebeziehungen – zu Hause (Baumeister, 2023) oder in Einrichtungen (Staudhammer, 2024; Buchmann, 2023; Dammermann & Sander, 2023) – ist ein nicht irrelevantes Thema. Die Ursachen sind familien- und ehebiografische Pfadabhängigkeiten (da hilft dann oftmals nur die Trennung) oder Überforderung in chronischen Stresssituationen: Hier helfen unterstützende Interventionen in der Optimierung der Pflegearrangements.

(c) Inklusion und Digitalisierung

Die UN-Grundrechtskonvention für Menschen mit Behinderung ist – und ich argumentierte weiter oben, dass diese Grundrechtskonventionen an sich, universalisiert im Lichte der Idee der sozialen Inklusion, für alle Menschen in allen Lebenslagen aller Altersklassen gelten – ein Grundrecht auf Teilhabe auf dem technologisch jeweils höchstmöglichen Niveau. *Entitlement* bezeichnet hier keine generöse Gabe, sondern ein Naturrecht bestätigt zu bekommen.

Nun mag die digitale Transformation ja, mythopoetisch die Figur des Janus-Kopfes einbringend, »Fluch und Segen« (Schulz-Nieswandt, 2019c) zugleich sein. Dies soll aber hier nicht unser Thema (Schulz-Nieswandt, 2019a) sein. Auch, und damit betone ich die Nutzenseite und somit also die Seite des Segens der Digitalisierung, die digitalen Räume sind Orte des Wirkens von Sozialkapital und steigern die Teilhabechancen der Menschen. Dabei geht es nicht nur um intelligente Haustechnologien für den Fall der Not, sondern um ein Alltagsmanagement für die Nahversorgung, für Telemedizin (etwa auch in ländlichen Räumen: Finnland und Kanada sind hierfür gute Beispiele), für private Kommunikationen.

Die Digitalisierung wird sicherlich die Lebensform des Alters der nahen Zukunft sein. Dass die Nutzung der Digitalisierung auch zur Sucht werden kann, ist bekannt. Auch die Frage, was der digitalisierte globale Kapitalismus 4.0 für die demokratische Kontrolle der (Kommunikationskulturen in der) Welt bedeutet, ist ein Zukunftsthema.

(d) Endlichkeit, Kultur des Sterbens und Tod

Der Tod ist sicher (Wittwer et al., 2020). Der Weg des Lebens davor ist kontingenter Natur und prägt die Vulnerabilität des Menschen. Der Mensch, anders als die anderen Säugetiere, weiß um seine Endlichkeit. Dieses Wissen kann verdrängt, aber nicht vollumfänglich kognitiv eliminiert werden. Es handelt sich um einen latenten Schock.

Der Mensch muss sich daher letztendlich dazu in ein Verhältnis setzen, eine Einstellung entwickeln und soziale Praktiken, letztendlich eine Kultur des guten, weil gelingenden

Sterbens entfalten (George & Weber, 2023). Kulturen der Trauerarbeit (Benkel et al., 2019) als Verlustbewältigung sind hierbei ein integrierter Teil.

Es ist nicht geklärt, wie die sogenannten neuen Alten, die im Durchschnitt eine höhere Bildung haben und/oder (wie der nächste Abschnitt noch ansprechen wird) spirituelle Orientierungen aufweisen, psychodynamisch aufgestellt sind in der Bewältigung der Endlichkeit. Diese Selbstaufstellungen werden von den Bindungserfahrungen und daher von generierten Gleichgewichten zwischen Ur-Angst und Ur-Vertrauen abhängen. Wir können hier nur spekulieren, und wir müssen dabei die aktuelle sogenannte Zeitenwende einkalkulieren. Welche Angststörungen und Einbrüche in ein daseinsfreudiges Weltverhältnis der Menschen mögen sich in der nahen Zukunft im Lichte der Klimakrise, der multi-lokalen Kriege, der Dynamik von Migration und Flucht, insgesamt angesichts der Zumutung der erkennbaren Notwendigkeit, Wohlstand neu zu definieren im Sinnhorizont einer nachhaltigen Post-Wachstumsgesellschaft mit Stärkung der Gemeinwohlökonomie ergeben?

Die Corona-Krise ist ja interindividuell sehr unterschiedlich politisch, kulturell und psychodynamisch verarbeitet worden (Schulze Heuling, 2023; Tremmel, 2024). Manche Menschen haben die Entschleunigung – die hyperbolische Beschleunigung (Fuchs et al., 2018; Rosa, 2013) ist ja ein großes Thema in der kritischen Soziologie der Entfremdung – positiv erlebt, für andere waren aktive Gewaltausübung oder auch passives Gewalterleben (in Familien) Konturen dieser Zeit. Für viele war aber der Tod plötzlich ein ubiquitäres Thema und hat die Notwendigkeit der Entwicklung von *Caring Communities* im letzten Lebensjahr als Sozialraumthema begreifbar werden lassen (Schulz-Nieswandt, 2021e).

Es ist von der These auszugehen, dass die Corona-Krise als Erlebniserfahrungsgeschehen das Alter der nahen Zukunft geprägt haben wird. Vor allem für spirituelle Menschen dürfte eine Daseinsvertiefung bewirkt worden sein. So gesehen kann wohl aus der Krise auch eine psychodynamische Kraft geschöpft werden, auch ein gestärktes Erfahrungswissen über die Bedeutung sozialer Beziehungen für die Qualität des Lebens. Es ist unter anderem ja auch bekannt geworden, wie vor allem im stationären Sektor der Langzeitpflege das skandalöse Phänomen des einsamen Sterbens zu konstatieren war.

(e) Kirche, Religion und Spiritualität

Das soziologische Theorem der Säkularisierung, lange Zeit unbestrittener Teil einer allgemeinen homogenen Modernisierungstheorie, ist heute mehr als umstritten. Zum einen geht es um die Wiederkehr fundamentaler Religionsdynamiken, die auch von Debatten über den Zusammenhang von Monotheismus, Wahrheitsanspruch und Gewalt begleitet wurden, mit globalen Auswirkungen. Zum anderen mag in westlichen Gesellschaften zwar die konfessionelle Kirchenbindung rückläufig sein, nicht aber andere Formen der Spiritualität, die in ihrer Bedeutung sogar zunehmen. Ferner lebt Religion infolge ihrer langen genealogischen Verknüpfung mit Wohlfahrts- und Gerechtigkeitsfragen und als Quelle der universalen Idee der Nächstenliebe als materiale Substanz in Soziallehren fort.

Die Liebe als Ur-Kraft aller Kräfte spielt durchaus als heilig anmutende Idee eine Rolle in Diskurs und Praxis solidarischen Denkens und Handelns. Die Idee der Würde, die von Hans Joas (2011) auch als »Sakralität der Person« diskutiert wurde, ist in seinem menschenrechtlichen Tabu-Charakter selbst von einem quasi heiligen Wesen.

Wir treten hier ein in einen Raum der Theorie der normativen Voraussetzungen des sozialen Rechtsstaates, von denen der Staatsrechtler Ernst-Wolfgang Böckenförde (1976) sagte, sie wären die zivilgesellschaftlichen konstitutiven Funktionsvoraussetzungen der liberalen Demokratie. Die moderne auf Interessen aufbauende Vertragsgesellschaft bedarf eben, wie es der Soziologe Durkheim (1977) mit Blick auf moderne, hochgradig arbeitsteilige Gesellschaften formulierte, einer integrativen Idee: Gemeint sind hier nicht-vertragliche Voraussetzungen der Vertragsgesellschaft. Ich habe dies (Schulz-Nieswandt, 2022a) so reformuliert, dass ich davon überzeugt bin, dass es einen kollektiv geteilten heiligen Bund über die in Liebe und Würde verankerte Grammatik der kommunikativen Verständigungspraxis der gegenseitigen Anerkennung der Menschen in einer Welt der Diversität, also in der Modelltheoriewelt von Jürgen Habermas (2019) und Axel Honneth (2018), geben muss.

Ohne solche Leidenschaften, dies sieht auch Martha Nussbaum (2015) so, funktioniert keine deliberative Demokratie. Ohne nun die ganzen Säkularisierungsdebatten – sowohl Charles Taylor (2012) als auch Hans Joas (2017) haben hier wertvolle Beiträge geleistet – weiter zu verfolgen, soll hier nur dieses Phänomen der Formen von Spiritualität aufgegriffen werden. Die Forschung deckt wichtige Effekte gesunden und gelingenden Alterns spiritueller Menschen auf. Die Psychologie des Kohärenzgefühls fundiert das Interesse an Sinnsuche salutogenetischer Potenziale und wirkt, wenngleich die sozialpsychologischen Kategorien in diesem Feld nicht immer hinreichend trennscharf sind, positiv auf die seelische Resilienz, wenn es um das Coping von Stress und Belastungen oder gar von kritischen Lebensereignissen bis hin zu Grenzsituationen geht.

Falls die Bedeutung spiritueller Haltungen zunehmen sollte, wäre im Alter der nächsten Zukunft mit wichtigen Coping- und Resilienzpotenzialen vieler älterer Menschen zu rechnen. Dennoch muss auch hier immer wieder auf die Heterogenität und die interindividuellen Varianzen hingewiesen werden.

Ob der Rückgang der konfessionellen Kirchenbindungen die betroffenen Wohlfahrtsverbände als »Sozialwirtschaft der organisierten Nächstenliebe« schwächen wird, müsste vertiefend erörtert werden. Konfessionell verankertes soziales Engagement ist allerdings nur ein Teil der Zivilgesellschaft und des sogenannten Dritten Sektors (Schulz-Nieswandt & Thimm, 2023a, 2023b) des *Non-Profit*-Wirtschaftens in Feldern wirtschaftlicher, sozialer und kultureller Zwecksetzungen. Für die Segmente eines a-theistischen, aber kritisch denkenden Alters wird man, mit Ernst Bloch (1985d) auf das Thema blickend, argumentieren können, dass die Atheisten (m/w/d) mitunter die besten Gläubigen sind. Utopien sind keine Illusionen (Soeffner, 2019), sondern modallogische Visionen.

Sollte die Zeit der nächsten Zukunft eine post-säkulare Zeit sein, so könnte dieser Post-Säkularismus eine polarisierte Gesellschaft prägen, wobei die Polarität aufgespannt ist mit einem Extremismus fundamentalistischer Religionen totaler Kirchenanstalten einerseits und andererseits humangerechter, solidarischer, daseinsfreudiger, auf liebende Weltoffenheit hin geprägter spiritueller Menschen.

(f) Suizidalität und Depression

Jugendliche praktizieren Suizidversuche, weil sie damit Signale der Hilfebedürftigkeit aussenden. Die höchsten Prävalenzen des vollzogenen Suizids stellen wir im höheren Alter fest. Eine breite epidemiologische Forschung (Erlemeier, 2011) klärt uns hier auf.

Die Korrelate sind Pflegebedürftigkeit, chronischer Schmerz und Depression. Pflegebedürftigkeit als Belastung kann bewältigt werden, für chronische Schmerzen gibt es schmerztherapeutische Möglichkeiten. Beide Themenkreise sind nicht trivial und sollen hier mit Blick auf Bewältigungschancen, die keine Lösungen im Sinne von Problem-Auflösungen sind, nicht verharmlost werden.

Auch Depression ist einer Bewältigung zugänglich. Die Prävalenzen sind im Alter nicht viel höher, aber auch nicht niedriger als in jüngeren Altersklassen. Die gerontopsychiatrische und gerontopsychotherapeutische Versorgungssituation ist im Alter nicht gut. Es bestehen gravierende Unterversorgungsprobleme. Da diese Situation nur mit längerem Vorlauf durch Reformen zu bewältigen ist, solche Anläufe aber weitgehend nicht zu erkennen sind, wird das Alter der nahen Zukunft von dieser defizitären Versorgungssituation geprägt sein. Ältere Menschen mit einem biografisch ausgebildeten präsuizidalen Syndrom werden daher gefährdet sein.

Das Alter mag für die weitgehend nicht für das höhere Alter ausgebildete und sich offensichtlich auch für das seelische Leiden gar nicht interessierende Medizin und Psychologie – faszinierend ist wohl eher die Schizophrenie, die häufiger im jüngeren mittleren Alter auftritt – kein Lieblingsthema sein. Diskrete Wahnvorstellungen, die als Korrelat der schweren Alzheimer-Demenz auftreten mögen, nerven und belasten die Versorgungssituationen, gehören aber nicht zur Welt der medizinischen Begierde. Um die oftmals schlechte medizinische Versorgung von Menschen im Pflegeheimen wissen wir. Hier besteht unbewältigter gestaltender Handlungsbedarf.

Die Witze über die fehlende Anreizsituation zur Suizidprävention in der Rentenversicherung als Alterssicherung sind Indikatoren für partielle Treffsicherheiten der kulturkritischen Diagnose. Wäre es denkbar, dass sich Rentenversicherungen freuen können? Sind das Alter und seine Depressionen und Suizidneigungen so von Verdrängung geprägt, weil es ökonomisch doppelt nicht lohnt? Einerseits lohnt es nicht mit Blick auf die fiskalische Nachhaltigkeit demografieanfälliger Sozialversicherungen mit Umlageverfahren; andererseits wären es kostspielige medizinische und psychologische Interventionen in eine Altersklasse, die nicht mehr eine tragende Säule in der maximierenden Produktion des Bruttoinlandsproduktes darstellt. Das auf die Logik des Marktes bezogene Humankapital des ehemals kommodifizierten Menschen als Produktionsfaktor ist entwertet.

Als Akteur (m/w/d) des sozialen Engagements (Miesen, 2022), gefördert von einem neuen Politikfeld der Engagementförderung (Bund, Länder, Kommunen, Sozialversicherungen, Kirchen, Sozialverbände, Stiftungen etc.), mag der noch nicht pflegebedürftige und/oder kognitiv beeinträchtigte Teil des Alters noch attraktiv sein (auch als Großeltern), aber nicht mehr als Mitglied einer produktiven Klasse. Die schwersten Fälle werden in totalen Anstalten deponiert und entsorgt: aus dem Blick, aus dem Sinn. Die Sozialhilfeleistungen sind dann die Ablasszahlung für die verdrängte Versündigung an der personalen Würde des Alters. Davon wird auch das höhere Alter der nahen Zukunft im Fall komplexer Vulnerabilität nicht verschont bleiben.

Vielleicht erhält die Tragödie von Sophokles eine Renaissance? Doch um die Tragödien antiker Helden geht es nicht in dieser neuen Variante des bürgerlichen Trauerspiels. Private Tragödien werden unter Ausblendung der Fragen sozialer Gerechtigkeit inszeniert. Das Elend des Alters wird nicht zum öffentlichen Thema, sondern zum privaten Schicksal.

13 Fazit: Ergebnissicherung

Worum ist es daseinsthematisch für unser soziales Zusammenleben relevant in dem vorliegenden Essay gegangen? Es geht um die vielen Gesichter des Alters der nahen Zukunft (2030; 2040) im Lichte der heute gut erforschten differenzierten Formen des Alterns als Lebenslaufgeschehen. Die differenzierten Biografien sind in mehreren Hinsichten (ökonomisch, sozial, geistig, seelisch, körperlich, rechtlich, räumlich etc.) von Formen sozialer Ungleichheit, Ausgrenzung und Diskriminierung geprägt. Die Grundlagen einer solchen gerontosozialpolitischen Analyseperspektive wurden skizziert, dann aber empirisch (ohne Datenfriedhofstrategie, sondern in skizzenhafter Weise und pointiert) paraphrasiert und in die nähere Zukunft hinein fortgeschrieben. Die erfahrungswissenschaftlichen Befunde und Trends wurden aus rechtsphilosophischer und ethischer Sicht im Lichte Kritischer Theorie problematisiert.

Das mit Freiheitsgraden ausgestattete Zukunftsszenarium ist angesiedelt in einem Entwicklungskorridor zwischen positiven, gar konkret-utopischen Hoffnungen des gelingenden Miteinanders, aber auch zwischen Risiken und Herausforderungen sowie dystopischen Befürchtungen auf das sodann altersdiskriminierende Misslingen der Problembewältigung durch die Gesellschaftspolitik im Generationengefüge. Die augenblicklichen Probleme in der liberalen Demokratie (Gloy, 2023) werden auch in dieser Hinsicht nochmals zugespitzt. Vor dem Hintergrund der Megatrends des sozialen Wandels wurde auf die Gestaltung des sozialen Miteinanders in einer nachhaltigen und effektiven Sozialraumentwicklung in der kommunalen Daseinsvorsorge abgestellt. Das Altern als Megathema verweist uns auf die Aufgabe, eine Antwort zu finden auf die Frage, nach welcher Grammatik normativer Regeln (negativer oder sozialer Freiheit) wir in Zukunft leben wollen und ob wir dazu psychodynamisch gut aufgestellt sind.

Als Fazit können wir ein aktuelles Gap zwischen dem Soll-Wert der »juridischen Substanz« einerseits und der Empirie der sozialen Wirklichkeit andererseits festhalten: ein Gap, dass auch die Realität des Alters der nahen Zukunft bestimmen wird, sogar noch deutlicher, wenn die Weichen nicht schnell auf die Fahrtrichtung der Möglichkeiten der Soll-Wert-Verwirklichungen gestellt werden.

(a) Alterssicherung

So wird im Kontext der fiskalischen Nachhaltigkeitsprobleme der Alterssicherung sowie der ergänzenden Sozialhilfe auf die zukünftige Zunahme der sozialen Einkommensungleichheit, der überaus signifikanten Konzentration von Vermögen sowie der Einkommensarmut zu verweisen sein.

Mit Blick auf die Sozialhilfeabhängigkeit im Modus der neueren Bürgergeldregelungen ist immer wieder an die Sichtweise Georg Simmels (Richter, 2019) zu erinnern: Die Tatsache, dass die Einkommenslosigkeit durch ein Existenzminimum mittels Transferleistungen ausgeglichen wird, ändert nichts an der Armut, die darin besteht, dass der betroffene Mensch – oftmals insbesondere, aber nicht nur Frauen und Menschen mit Migrationshintergrund – aus sich selbst heraus nicht in der Lage ist, sein alltägliches Leben halbwegs souverän selbst zu finanzieren. Dies erinnert an das sozialpsychologische Theorem der verschämten Armut.

Es zeigt auch, dass die Idee der sogenannten meritokratischen Triade, wonach Bildung, Erwerbsbiografie, Einkommen und soziale Absicherung positiv zusammenwirken, nicht eine hinreichend universale *trickle-down*-Dynamik aufweist und sicherstellt. Es gibt die meritokratische Triade eben auch in der negativen Dynamik der Wohlstandsverlierer*innen.

(b) Gewährleistung der Sicherstellung von effektiven nachhaltigen Versorgungsinfrastrukturen

Die Weichen müssen im Bereich der Güter und Dienstleistungen von allgemeinem (öffentlichen) Interesse als Infrastrukturaufgaben auch in Richtung auf einen transformativen Umbau der sektoralistischen und fragmentierten Versorgungssektoren gestellt werden. Dieser Umbau muss im Rahmen einer Sozialraumbildungsarbeit auf der Ebene der kommunalen Daseinsvorsorge zur effektiven Verdichtung erfolgen. Die Zeichen scheinen aber eher auf eine politische Ökonomie und auf eine Kultur der pfadabhängigen Selbstblockade hinzuweisen. Hier wäre im Rahmen einer dualen

Wirtschaft (Privatwirtschaft und Gemeinwirtschaft) zu fragen (Schulz-Nieswandt, 2021g), ob man den neoliberalen Kurs der wettbewerblichen und trägerpluralistischen Marktöffnung zurückdrehen will und kann. Öffentliche Güter sind auch öffentlich (sogenanntes Inhouse-Prinzip) oder durch freie *Non-Profit*-Träger der Gemeinwirtschaft (zum Beispiel als Infrastrukturgenossenschaften der Bürgerschaft) sicherzustellen (Schulz-Nieswandt, 2020e).

Das ganze Problem der kollektiven Bewältigung der weiteren Alterung unserer Gesellschaft ist als notwendiger Kulturwandel, der die kognitiven Schemata, die Drehbücher und die sozialen Praktiken umfasst, weniger als quasi hydraulisches Schraubendrehen parametrischer Sozialreformen im paradigmatischen Sinne der Sozialingenieure (Etzemüller, 2009) zu verstehen. Hier dürfte einerseits mehr Gestaltung, Planung und Steuerung nötig sein als die Fortführung der Ideologie der wettbewerblichen trägerpluralistischen Marktöffnung, andererseits bedarf es im Rahmen einer dualen Wirtschaft von Privatwirtschaft und Gemeinwirtschaft die geschützte Förderung gemeinwirtschaftlicher Formen des Wirtschaftens, insbesondere auch genossenschaftliche Formen des solidarischen Wirtschaftens und entsprechende Verfassungen des *Commonings* als Entwicklung der Gemeingüter im Modus sozialen Lernens. Die Privatwirtschaft ist in ihrem kapitalistischen Geist (Schulz-Nieswandt, 2023l) vertiefend zu regulieren mit dem Ziel einer weiteren Zivilisierung durch eine gemeinwohlökonomische interne wie externe *Stakeholder*-Ethik und der wirtschaftlichen, sozialen, kulturellen und natürlichen Nachhaltigkeit der Ökonomie (Schulz-Nieswandt, 2023q).

(c) Wohnformendifferenzierungen statt Heimbettenboom

Integrierter Teil der Sozialraumentwicklungsaufgabe der gestaltenden Gesellschaftspolitik und ihren Policy-Feldern sind die Differenzierungen der völlig unterentwickelten Wohnformenlandschaft im Alter im Generationengefüge im Kontext der Siedlungsstrukturen. Eine Verfehlung des Ziels einer humangerechten Sozialraumentwicklung wäre der weitere Ausbau von Heimstrukturen. Hier wäre ein Moratorium bei gleichzeitiger Entwicklung neuer Formen der in der Sozialraumentwicklung integrierten, insbesondere auch gemeinschaftlichen oder vernetzten Wohnformen angemessener, weil humangerechter.

Die »Kasernierung« (Schulz-Nieswandt, 2021h), deren Eskalation wir unter den Bedingungen der Corona-Krise beobachten mussten, muss zukünftig vermieden werden. Heimstrukturen, auf die nicht verzichtet werden kann bzw. die eben nicht vollständig durch Alternativen substituiert werden können, müssen einerseits auf die externe Sozialraumöffnung hin und andererseits in Richtung auf interne aktivierende Wohnkulturen (Teti et al., 2022) weiterentwickelt werden – im Sinne der humanistischen Psychologie und der Gestalttheorie: »aktualgenetisch« (Schulz-Nieswandt, 2023p) und im Lichte der Erkenntnisse der ökologischen Gerontologie zur Wechselwirkung von Mensch, Raum, Architektur und Technik.

Umwelten des gelingenden Alterns sind immer polyphone Licht-Klang-Welten, die die Daseinsfreude fördern, nicht kakophone Anstalten der »Kälte« als Ausdrucksgestalt von

»sauber, satt, sicher, still«-Dispositiven als panoptische Orte der haftungs-, straf- und arbeitsrechtlichen Defensivpflege.

(d) Leben und Sterben, wo der Mensch sein geborgenes Zuhause hat

Der »Oikos« in der »Polis« – die private Wohnform (grundrechtlich geschützt in Art. 13 GG) im Kontext der wohnumfeldlichen lokalen sorgenden Gemeinschaften (Klie, 2019; Kersten et al., 2022 zum »Soziale-Orte-Konzept«), eingebettet in eine regionale Professionalität sozialer Infrastrukturen – ist die anthropologisch angemessene Vision des Alterns der Zukunft (Schulz-Nieswandt, 2021d).

Diese Zukunft muss jedoch heute, eigentlich schon gestern/vorgestern, begonnen worden sein. Davon kann signifikant aber nicht die Rede sein. Psychodynamisch ist das Bedürfnis des bedingt autonomen Menschen (eben nicht des prometheischen Menschen des ikarischen Wahns der Souveränität aus seiner cartesianischen Ego-Perspektive des Begehrens) der Moderne nach Geborgenheit evident; darüber klärt uns unter anderem die bindungspsychologische Forschung auf. Scheinbar überlassen wir die Idee der Heimat (Brinkmann & Hammann, 2019), über die Ernst Bloch (1985a, 1985b) in seiner messianisch aufgeladenen Geschichtsphilosophie der Spurensuche (Bloch, 1985c) nach der konkreten Utopie des Noch-Nicht philosophierte, dem neuen Rechtspopulismus.

14 Ausblick: Möglichkeit der Dystopie

Dystopische Sichten (Leser & Schwarz, 2018) auf das Alter in der nahen Zukunft gibt es in der Literatur und auch in anderen Medien. Ich habe sie im Essay an verschiedenen Stellen im Duktus eines kritischen Nachfragens selbst schon angedeutet.

Dimension Einkommen: Die Armut treibt zum Mundraub. Aber wenn man sich im Alter warme, trockene Wohnungen nicht leisten kann, ist ein Gefängnisaufenthalt im Winter vielleicht ohnehin die bessere Alternative. Die Wohnungslosigkeit nimmt zu.

Dimension Akutmedizin: Eine Horrorvision ist verfilmt worden; eine chaotische Überlastung der Akutmedizin, die über sinnvolle Triage und dringlichkeitsbezogene Rationierungen weit hinausreicht und Unterversorgungen *(unmet medical needs)* steigert bis hin zu massiven Fällen von an sich vermeidbaren Mortalitäten.

Dimension Langzeitpflege: Da Fachkräfte fehlen, sinkt die Pflegequalität in Einrichtungen massiv ab. Und da Pflegeplätze fehlen, verwahrlosen ältere Menschen einsam in ihren Wohnungen, aus denen heraus sie kaum noch am öffentlichen Leben teilhaben. Es kommt zum einsamen Sterben. Oftmals ist es erst der Verwesungsgeruch, der die Aufmerksamkeit auf das Geschehen lenkt.

Dimension terminales Disengagement: Daher spielen andere Dystopien mit der Idee eines altruistischen Selbstmordes, den bereits der Soziologe Émile Durkheim (1983) in seiner klassischen Abhandlung über den Selbstmord diskutierte. Um der Gesellschaft oder auch konkreten Menschen aus dem eigenen Umfeld nicht zur (Über-)Last zu fallen, wählt der alte Mensch den Weg zum terminalen Disengagement. Statt der in westlichen Kulturen konstitutiven Idee der Maximierung des eigenen Glücks nachzukommen, besteht Autonomie nunmehr in der Fähigkeit, anderen nicht zur Last zu fallen.

Eine Gesellschaft, deren hegemoniale Ideologie ein Individualismus ist, der die instrumentelle Vernunft bis hin zu charakterneurotischen Verstiegenheiten verkörpert, knüpft nun angesichts der kollektiven Entwicklungsprobleme den empathischen Altruismus zur Selbstdestruktion.

Dimension Altentötung: Die durchschnittliche Lebenserwartung steigt. Denkbar wäre eine Gesellschaft, die sich auf der utilitaristischen Grundlage von Nutzen-Kosten-Analysen ein verbindliches Höchstalter vorgibt. Das erinnert mich an einen Science-Fiction-Film aus den 1970er Jahren. Im 1976er Film *Flucht im 23. Jahrhundert* leben die Menschen in einer Wohlstandsgesellschaft in Städten unter der Erde und haben scheinbar keine Sorgen. Allerdings ist die Lebensdauer der Bewohner*innen auf 30 Jahre begrenzt und wird durch ein öffentliches »Senizit«-Ritual als planmäßige Altentötung beendet – ein Thema, das von Ethnologie und Geschichtswissenschaft mit Blick auf aktive oder passive Formen der Altentötung erforscht und diskutiert wird (Pousset, 2018; Herwig & Pousset, 2023). Es mag sein, dass es sich nur um Mythen handelt, deren Erzählung abschreckend sein soll in

Bezug auf fremde Kulturen bzw. Völker, mitunter mit der Absicht, das eigene absolute menschenrechtliche Tötungsverbot jeglicher Menschen normativ herauszustellen. Noch immer ist die Materialzusammenstellung in *Das Alter* von Simone de Beauvoir (2000) lesenswert und verdichtet sich zu der Einsicht, dass es keine lineare Fortschrittsgeschichte hinsichtlich der Stellung des älteren und alten Menschen in den jeweiligen Kulturen verschiedener Zeit und Räume gab, sondern eher eine Heterogenität im Wandel. Zu diesem Befund gibt es zahlreiche wissenschaftliche Einzelstudien, die die Sicht validieren können. Man sollte also im vergleichenden kulturgeschichtlichen Rückblick eher in Kategorien der Ambivalenz und Ambiguität denken. Daraus könnte man den Schluss ziehen, auch beim Blick nach vorne in die Zukunft böten sich diese Kategorien der empirischen Uneindeutigkeit bzw. Mehrdeutigkeit und in normativer Hinsicht eine prädikative Offenheit an. Die Bilder – die Gesichter und die Ausdrucksgestalten der Lebensführung – werden eine polyphone Landschaft zwischen Elend und Glück sein.

Dimension Diskriminierung: Unsere Gesellschaft steht vor diesem Problem, ob sie ihre normative Haltung, die ohnehin bereits mit diversen Formen der Altersdiskriminierung im Konflikt steht, nicht schleichend in eine bröckelnde Phase treibt, in der die Augenbinde – das Symbol für die Unparteilichkeit, also für das Richten ohne Ansehen der Person – der Göttin Justitia als Allegorie der Gerechtigkeit nicht zu anderen Zwecken, nämlich für das Nicht-Sehen-Wollen des Unrechts, genutzt wird.

Die drei Attribute Augenbinde, Waage und Richtschwert sollen doch verdeutlichen, dass das Recht ohne Ansehen der

Person (Augenbinde), nach sorgfältiger Abwägung der Sachlage (Waage) gesprochen und mit der nötigen Härte (Richtschwert) durchgesetzt wird. Welche Umkehrung bedeutet die alltägliche Ignoranz und Verdrängung der Diskriminierung und Altenfeindlichkeit, quasi eine neurotisch verstiegene apotropäische Hygieneangst, die zu einer kollektiven Persönlichkeitsstörung als Wahn gesteigert wird, denn Themis verkörpert bei den antiken Griechen die durch althergebrachte, göttliche Ordnung bestehende Gerechtigkeit, Dike die strafende, rächende Gerechtigkeit.

Dimension Ageism: Die Kritik der Diskriminierung wird heute in der digitalen Hasskultur der identitätspolitischen Linken kaum auf *Ageism*, sondern primär auf Neo-Kolonialismus, Rassismus und Sexismus bezogen. In der neo-biologistischen Ideologie, die sogenannten alten weißen Männer (eine dreidimensionale Diskriminierung als Gegenübertragung) seien zwangsläufig rassistisch, wird ein von Hass erfüllter Generationenkonflikt deutlich.

Die Begeisterung mancher Linker für die Hamas legt nicht nur den latenten Antisemitismus frei, sondern den eigenen »Exotismus«, der eigentlich Teil des intersektionellen Phänomens von Rassismus und Sexismus sein soll: Die Übertragung der Empathie auf fremde, andere Völker ist eine Flucht der Übertragungsleistung, die den Gegenstand der Identifikation verschiebt. Blind für die Missstände der totalen Kasernierung des Alters in panoptischen Anstalten der eigenen Gesellschaft wird gerne die internationale Solidarität gefeiert. Die Wut mag sich ja noch auf das eigene Schulsystem beziehen, aber *Ageism* ist hier kein Thema im jugendlichen Eifer.

Dimension Nutzen-Kosten-Analyse: Während der Corona-

Krise wurden mitunter Nutzen-Kosten-Überlegungen eingebracht und gefragt, wieso das das Grundrecht auf Freiheit reduzierende Krisenmanagementregime Rücksicht auf hochaltrige Menschen nimmt, wo diese doch sowieso bald sterben würden.

Diese Nachfrage ist nicht zu verwechseln mit der juridischen Nachfrage nach den Spielräumen der sozialen Kontakterhaltung als Risiko- und Güterabwägung, die geboten war. Meine Assoziation geht Richtung des Preußenkönigs Friedrich II.: »Ihr verfluchten Kerle, wollt ihr denn ewig leben?« Dies ist eine Anekdote über einen Zuruf an fliehende Soldaten in einer Schlacht des Siebenjährigen Krieges 1756–1763. Die Variation würde nun mit Blick auf unser Thema lauten: Ihr Alten, wollt ihr denn ewig leben?

Die alternative posthumanistische bzw. transhumanistische Perspektive wäre die Arbeit am Anti-Aging-Projekt. Alle werden – als positives Bild vom Alter (Ehni, 2022) – nicht nur länger und lange leben, sondern bleiben gesund (Wurm, 2023), weil sie biologisch nicht altern. Vielleicht bleibt dann auch irgendwann nur der Suizid, weil es ermüdend langweilig geworden ist. Wollen wir wirklich dem Wahn verfallen, *forever young* (Sobiech, 2023) zu sein (Harrison, 2015)?

Nachwort

Die Hoffnung stirbt zum Schluss, was bedeutet, dass auch sie sterben kann. Kann! Also ist modallogisch auch noch die konkrete Utopie zu erhoffen. Wir können also noch auf die Hoffnung hoffen. Ob wir auf sie zählen können, ist schwieriger zu beantworten, da ich nicht über Eintrittswahrscheinlichkeiten von Ereignissen spekulieren möchte.

In der begonnenen sogenannten Zeitenwende fragt sich, wie die Agenda der politisch relevanten Daseinsthemen in der Arena des politischen Systems – wohlmöglich sogar AfD-geprägt – aussehen wird. Das Alter ist in diesem weiten Feld tatsächlich auch nur eine relevante Zielgruppe. Die Zukunft unserer Kinder wird analog vernachlässigt. Vereinbarkeit von Beruf und Familie ist in Deutschland – gerade auch im europäischen Vergleich – ein Problem. Die Infrastruktur ist marode, der Fachkräftemangel (Schule, Medizin, Pflege, Rechtswesen, Handwerk etc.) in vielen sozialsystemrelevanten Feldern die Achillesverse des daseinsrelevanten Alltagsdramas, die Wohnraumbewirtschaftungskrise verletzt ebenso Grundrechte usw. Begriffen werden muss nun, dass diese Dimensionen einer Krise systematisch ineinandergreifen, zusammen die Gewebestruktur einer Funktionskrise erodierender sozialer Kohäsion (Meißelbach, 2019) darstellen. Denn diese

Unordnung in der »Ordnung der Dinge« hängt zusammen, weil jede Gesellschaft immer auch ein Generationengefüge ist und somit in ihrer Grammatik der Funktionsregeln der Logik einer austauschrelationalen Reziprozität von Geben und Nehmen, die solidarisch codiert ist, folgt. Mehr oder weniger: Das war ja das diagnostische und sodann prognostische Thema, das der Essay bewältigen sollte.

Damit stehen wir angesichts der vielen Teilprobleme des großen Gewebes einer Dependenzgrammatik menschlichen Miteinanders vor einer Politik der Dringlichkeitsdiskurse und müssen Güterabwägungen treffen. Es gibt aber eine Sichtweise, die uns wertebezogen orientierend leiten kann: Indem wir die Nachhaltigkeit einer sich selbst eigenlogisch reproduzierenden Naturordnung – sofern der »anthropozäne« Mensch nicht destruktiv interveniert – als Vorbild nehmen, lernen wir das solidarische Generationengefüge als Schlüsselfaktor des nachhaltigen Sozialsystems einer nicht mehr warenfetischistischen Post-Wachstums-Gemeinwohlökonomie zu verstehen. Dies bedeutet nicht, dass sich Kinder nicht über hübsche Kleider freuen sollen, erwachsene Menschen nicht von einer Griechenlandreise sehnsuchtsvoll träumen (Schulz-Nieswandt, 2021i, 2021j) und ihren Traum erfüllen sollen usw. Es bedeutet nur, was der existenzialistische religiöse Gabriel Marcel (1954) so nannte, die Lebensform des »habenden Seins« als Überwindung des unter anderem von Erich Fromm (2005) definierten Konflikts von »Haben oder Sein« zu begreifen. Das Haben – der Modus des »Besitzrechtsindividualismus« (Schulz-Nieswandt, 2022d) – muss sich in das gelingende Miteinander als System sozialer Beziehungen einbetten. Die Sozialraumentwicklung – die Lokalität und

Regionalität als die erfreuliche Kehrseite der globalisierten Welt – wird zur Perspektive einer erneuerten Solidarkultur.

In ihr finden dann sowohl die Kindheit, sodann die Familien und endlich auch das höhere und hohe Alter ihren »Sitz im Leben«. Den xenophobischen Heimatbegriff haben wir mittlerweile dem neuen populistischen Rechtsextremismus überlassen, statt den Begriff des (auch im Lichte der Psychodynamik der Geborgenheitsbedürftigkeit des personalen Menschen der Moderne) dringend gebotenen homophilen Heimatgedankens als genossenschaftsartige Lebensform der Gemeindeordnung zu verstehen. Dann zeichnet sich am gar nicht so weit entfernten Horizont die Möglichkeit des Wirklichwerdens der (zum Beispiel demenzfreundlichen) Gastfreundschaft der Nachbarschaft in dem Rechtsraum der Daseinsvorsorge der Kommune ab.

Die Kommune würde – *würde*, da wir nicht über die Faktizität, sondern über die Möglichkeit als Teil der sozialen Wirklichkeit der Geschichte reflektieren – als Rechtsgemeinschaft eine Gemeinschaft der juridischen Kultur gegenseitiger Hilfe. Der *homo abyssus* der Dystopie ist dann immer noch unter uns, und er wird es auch ewig sein. Aber der *homo donans* der liebenswürdigen Utopie hat dann die Oberhand: Er hat wieder die demokratische Mehrheit erzielt.

Und zum Ende des Essays wird mir im Namen der respektvollen Achtung vor dem Alter (als das Kernthema) die Faszination der Ehrfurcht vor dem Leben als Universalismus der Naturrechtslehre der personalen Menschen als Gebot der De-Kommodifizierung des Mitmenschen und der von Rainer Maria Rilke poetisch verarbeiteten Welt der Dinge, die epiphanisch zu uns sprechen, deutlicher.

Die hier nur skizzenhaft durch die Polarität der Szenarien kulturgrammatisch, rechtsphilosophisch, ethisch, psychodynamisch und praxeologisch problematisierte Krise des höheren und hohen Alters ist eine Krise unseres Weltverhältnisses. Wir greifen auf die Welt intentional im appropriativen Modus der eigentumsrechtlichen Aneignung als Ökonomik der Begierde der Objektbesetzung zu, statt sie in der Responsität aktiver Passivität mit ehrfurchtsvollem Staunen zu betrachten und zu lieben. Dann würden wir auch geliebt werden, denn wir wären ja Teil dieser neuen Kultur des Noch-nicht.

Literatur

Agamben, G. (2002). *Homo sacer. Die souveräne Macht und das nackte Leben.* (13. Aufl.) Suhrkamp.

Amrhein, L. (2008). *Drehbücher des Alter(n)s. Die soziale Konstruktion von Modellen und Formen der Lebensführung und -stilisierung älterer Menschen.* Springer VS.

Aner, K. & Karl, U. (Hrsg.) (2020). *Handbuch Soziale Arbeit und Alter* (2., überarb. u. aktual. Aufl.). Springer VS.

Aner, K. & Schroeter, K.R. (Hrsg.) (2021). *Kritische Gerontologie. Eine Einführung.* Kohlhammer.

Arendt, H. (2018). *Die Freiheit, frei zu sein* (14. Aufl.). dtv Verlagsgesellschaft.

Arendt, H. (2020). *Vita activa oder Vom tätigen Leben* (3. Aufl.). Piper.

Bachmaier, H. (2015). *Lektionen des Alters. Kulturhistorische Betrachtungen.* Wallstein.

Baltes, M. & Wahl, H.-W. (1992). The dependency-support script in institutions: Generalization to community settings. *Psychology and Aging, 7*(3), 409–418.

Barth, B., Flaig, B.B., Schäuble, N. & Tautscher, M. (Hrsg.) (2023). *Praxis der Sinus-Milieus®. Gegenwart und Zukunft eines modernen Gesellschafts- und Zielgruppenmodells* (2., vollst. überarb. Aufl.). Springer VS.

Bauer, C. & Egger, R. (2023). *Pandemieresilienz. Empirische Befunde zur Bewältigung der sozialen Folgen der Corona-Krise.* Springer VS.

Baumeister, B. (2023). *Gewalt in der häuslichen Pflege. Handlungswissen für die Soziale Arbeit.* Kohlhammer.

Becker, B. v. (2014). *Babyboomer. Die Generation der Vielen.* Suhrkamp.

Benkel, T., Meitzler, M. & Preuß, D. (2019). *Autonomie der Trauer. Zur Ambivalenz des sozialen Wandels.* Nomos.

Berti, I. (2017). *Gerechte Götter? Vorstellungen von göttlicher Vergeltung im Mythos und Kult des archaischen und klassischen Griechenlands.* Propylaeum.

BKK-Landesverband Hessen (Hrsg.) (2007). *Hat Alter(n) noch Zukunft?* Mabuse.

Bloch, E. (1985a). *Geist der Utopie* (6. Aufl.). Suhrkamp.

Bloch, E. (1985b). *Das Prinzip Hoffnung* (12. Aufl.). Suhrkamp.

Bloch, E. (1985c). *Spuren* (11. Aufl.). Suhrkamp.

Bloch, E. (1985d). *Atheismus im Christentum. Zur Religion des Exodus und des Reichs.* (5. Aufl.). Suhrkamp.

Blome-Drees, J., Göler von Ravensburg, N., Jungmeister, A., Schmale, I. & Schulz-Nieswandt, F. (Hrsg.) (2023). *Handbuch Genossenschaftswesen.* Springer VS.

BMFSFJ (Hrsg.) (1993ff.). Die bislang vorliegenden acht Altersberichterstattungen der eingesetzten Kommissionen der Bundesregierungen finden sich als PDF auf der Homepage des DZA. https://www.dza.de/themen/berichte-und-kommissionen [18. Dezember 2023].

Böckenförde, E.-W. (1976). Die Entstehung des Staates als Vorgang der Säkularisation. In ders., *Staat, Gesellschaft, Freiheit. Studien zur Staatstheorie und zum Verfassungsrecht* (S. 41–64). Suhrkamp.

Boggatz, T. (2019). *Betreutes Wohnen. Perspektiven zur Lebensgestaltung bei Bewohnern und Betreuungspersonen.* Springer.

Böhnisch, L. (2023). *Sozialpädagogik der Lebensalter. Eine Einführung* (9. Aufl.). Juventa in Beltz.

Börsch-Supan, A., Kneip, T., Litwin, H., Myck, M. & Weber, G. (Hrsg.) (2015). *Ageing in Europe – Supporting Policies for an Inclusive Society.* De Gruyter.

Brinkmann, F. T. & Hammann, J. (Hrsg.) (2019). *Heimatgedanken. Theologische und kulturwissenschaftliche Beiträge.* Springer VS.

Brown, H. (2021). *Geschlecht und Familie bei Marx.* Dietz.

Bruns, P., Bruns, W. & Böhme, R. (2007). *Die Altersrevolution. Wie wir in Zukunft alt werden.* Aufbau.

Buber, M. (2006). *Das dialogische Prinzip. Ich und Du. Zwiesprache. Die Frage an den Einzelnen. Elemente des Zwischenmenschlichen. Zur Geschichte des dialogischen Prinzips* (16. Aufl.). Gütersloher Verlagshaus.

Bubolz-Lutz, E., Engler, S., Kricheldorff, C. & Schramek, R. (2022). *Geragogik. Bildung und Lernen im Prozess des Alterns. Das Lehrbuch* (2., erw. u. überarb. Aufl.). Kohlhammer.

Buchmann, K.-P. (2023). *Gewalterleben in der stationären Langzeitpflege. Perspektiven und Präventionsmaßnahmen.* Springer.

Bühler, B. (2016). *Ecocriticism. Grundlagen – Theorien – Interpretationen.* Metzler.

Cramer, M. & Wick, P. (Hrsg.) (2021). *Alter und Altern in der Bibel. Exegetische Perspektiven auf Altersdiskurse im Alten und Neuen Testament.* Kohlhammer.

Dahl, N. (2023). Internationale Studien zu Private-Equity-Übernahmen in der Langzeitpflege. Welche Auswirkungen werden auf die Versorgungsqualität und die Personalausstattung in Langzeitpflegeeinrichtungen erwartet? *Pflege & Gesellschaft, 28*(4), 321–337.

Dammermann, A. & Sander, M. (2023). *Gewaltprävention in der Altenpflege. Interventionen und Konzepte.* Kohlhammer.

Dannemann, R., Meyzaud, M. & Weber, P. (Hrsg.) (2018). *Hundert Jahre »transzendentale Obdachlosigkeit«. Georg Lukács' »Theorie des Romans« neu gelesen.* Aisthesis.

de Beauvoir, S. (1975). *Alle Menschen sind sterblich* (45. Aufl.). Rowohlt.

de Beauvoir, S. (2000). *Das Alter* (9. Aufl.). Rowohlt.

Dietrich, J. (2017). *Der Tod von eigener Hand. Studien zum Suizid im Alten Testament, Alten Ägypten und Alten Orient*. Mohr Siebeck.

Dörner, K. (2007). *Leben und sterben, wo ich hingehöre. Dritter Sozialraum und neues Hilfesystem*. Paranus.

Dürbeck, G., Probst, S. & Schaub, C. (Hrsg.) (2022). *Anthropozäne Literatur. Poetiken – Themen – Lektüren*. Metzler in Springer.

Durkheim, É. (1977). *Über die Teilung der sozialen Arbeit*. Suhrkamp.

Durkheim, É. (1983). *Der Selbstmord*. (16. Aufl.). Suhrkamp.

Eberspächer, A. (2018). *Das Projekt Futurologie. Über Zukunft und Fortschritt in der Bundesrepublik 1952–1982*. Schöningh.

Ehni, H.-J. (2022). *Zukunftsvisionen des Alters. Fragen und Antworten der Philosophie und Ethik*. Kohlhammer.

Endter, C. (2021). *Assistiert Altern. Die Entwicklung digitaler Technologien für und mit älteren Menschen*. Springer VS.

Erikson, E. H. (1988). *Der vollständige Lebenszyklus*. Suhrkamp.

Erlemeier, N. (2011). *Suizidalität und Suizidprävention im höheren Lebensalter*. Kohlhammer.

Etzemüller, T. (Hrsg.) (2009). *Die Ordnung der Moderne. Social Engineering im 20. Jahrhundert*. transcript.

Felden, H. v. (2021). *Zeitdimensionen des Biographischen. Narrative Identität – Lern- und Bildungsprozesse – Dritte Lebensphase im Längsschnitt-Design*. Springer VS.

Fichtner, U. (2023). *Geboren für die großen Chancen. Über die Welt, die unsere Kinder und uns in Zukunft erwartet* (2. Aufl.). DVA.

Foucault, M. (2013). *Die Heterotopien. Der utopische Körper. Zwei Radiovorträge. Zweisprachige Ausgabe* (5. Aufl.). Suhrkamp.

Frankl, V. E. (2017). *Wer ein Warum zu leben hat. Lebenssinn und Resilienz* (6. Aufl.). Beltz.

Franzese, F. (2020). *Mentale und physische Gesundheit im Alter. Der Einfluss von Armut, Einkommensungleichheit und Vermögensungleichheit*. Budrich Academic Press.

Freixas, A. (2022). *Ich, die Alte. Aktivistische Ratschläge für freie Menschen*. Orlando.

Freud, S. (2009). *Das Unbehagen in der Kultur. Und andere kulturtheoretische Schriften* (6. Aufl.). Fischer.

Friedrich, J. P. (2023). *Die postoptimistische Gesellschaft. Warum es keinen Grund für Optimismus gibt – und was dennoch Hoffnung auf ein gutes Leben macht*. Herder.

Friedrich, K. (2021). *Sozialgeographie des Alterns*. Franz Steiner.

Fries, I. (2023). *Ich und Wir. Der Begriff der Gemeinschaft bei Martin Buber*. Gütersloher Verlagshaus.

Fromm, E. (2005). *Haben oder Sein. Die seelischen Grundlagen einer neuen Gesellschaft* (51. Aufl.). dtv Verlagsgesellschaft.

Frommeld, D., Gerhards, H. & Weber, K. (Hrsg.) (2023). *Gesellschaften in der Krise. Praktiken, Diskurse und Wissensregime in Zeiten von Corona*. Springer VS.

Fuchs, M. (Hrsg.) (2021). *Handbuch Alter und Altern. Anthropologie – Kultur – Ethik*. Metzler in Springer.

Fuchs, T., Iwer, L. & Micali, S. (Hrsg.) (2018). *Das überforderte Subjekt. Zeitdiagnosen einer beschleunigten Gesellschaft* (3. Aufl.). Suhrkamp.

Gehlen, A. (2016). *Der Mensch. Seine Natur und seine Stellung in der Welt*. Klostermann.

George, W. & Weber, K. (Hrsg.) (2023). *Wie werden wir in Zukunft sterben? Szenarien zu Sterben, Tod und Trauer im Jahr 2045*. Psychosozial-Verlag.

Ghanem, C., Hostettler, U. & Wilde, F. (Hrsg.) (2023). *Alter, Delinquenz und Inhaftierung. Perspektiven aus Wissenschaft und Praxis*. Springer VS.

Gloy, K. (2023). *Demokratie in der Krise? Überlegungen angesichts der Corona-Krise*. Königshausen & Neumann.

Goffman, E. (1973). *Asyle. Über die soziale Situation psychiatrischer Patienten und anderer Insassen*. (23. Aufl.). Suhrkamp.

Habermas, J. (2019). *Auch eine Geschichte der Philosophie. Band 1. Die okzidentale Konstellation von Glauben und Wissen. Band 2. Vernünftige Freiheit. Spuren des Diskurses über Glauben und Wissen* (4. Aufl.). Suhrkamp.

Hank, K., Wagner, M. & Zank, S. (Hrsg.) (2023). *Alternsforschung. Handbuch für Wissenschaft und Studium* (2., aktual. u. erw. Aufl.). Nomos.

Harbusch, M. (2018). *Eine Poetik der Exklusion. Narrative irritierter Zugehörigkeit*. Springer VS.

Harrison, R. P. (2015). *Ewige Jugend. Eine Kulturgeschichte des Alterns*. Hanser.

Heerdt, C. & Schulz-Nieswandt, F. (2022). Das Grundrecht auf Sozialraumbildung im Lichte des Menschenbildes der »sozialen Freiheit« des bundesdeutschen Grundgesetzes. Lehren aus der Corona-Krise. *Sozialer Fortschritt, 71*(10), 771–789.

Hegel, G. W. F. (1986). *Grundlinien der Philosophie des Rechts oder Naturrecht und Staatswissenschaft im Grundrisse. Mit Hegels eigenhändigen Notizen und den mündlichen Zusätzen* (17. Aufl.). Suhrkamp.

Hehl, M. & Zohren, B. (2015). *Neue Wohnform für Mutige. Eine Generation revolutioniert ihre Zukunft*. brotsuppe.

Heidegger, M. (2006). *Sein und Zeit* (19. Aufl.). De Gruyter.

Hericks, N. (Hrsg.) (2021). *Inklusion, Diversität und Heterogenität. Begriffsverwendung und Praxisbeispiele aus multidisziplinärer Perspektive*. Springer VS.

Herwig, H. & Pousset, R. (Hrsg.) (2023). *Senizid. Interdisziplinäre Perspektiven*. Springer VS.

Heusinger, J., Poppe, S. & Reifert, L. (Hrsg.) (2023). *Altern in ländlichen Räumen. Sozialraumbezogene Beiträge zur Altersforschung*. Barbara Budrich.

Himmelsbach, I. (2024). *Man lernt nie aus. Bildung im Alter*. Kohlhammer.

Höffe, O. (2023). *Die hohe Kunst des Alterns. Kleine Philosophie des guten Lebens* (2. Aufl.). Beck.

Honneth, A. (2018). *Anerkennung. Eine europäische Ideengeschichte* (2. Aufl.). Suhrkamp.

Illhardt, F. J. (2023). *Ruin des Zusammen-lebens. Corona und die Erneuerung der Gesellschaft.* Alber in Nomos.

Jankélévitch, V. (2004). *Das Verzeihen. Essays zur Moral und Kulturphilosophie.* Suhrkamp.

Joas, H. (2011). *Die Sakralität der Person. Eine neue Genealogie der Menschenrechte* (3. Aufl.). Suhrkamp.

Joas, H. (2017). *Die Macht des Heiligen. Eine Alternative zur Geschichte von der Entzauberung.* Suhrkamp.

Jung, C. G. (2001). *Die Beziehungen zwischen dem Ich und dem Unbewußten.* dtv.

Karl, F. (2023). *Zwei Weltkriege überleben und alt werden. Determinanten des langen Lebens im Alter.* Springer VS.

Kaspar, R., Simonson, J., Tesch-Römer, C., Wagner, M. & Zank, S. (Hrsg.) (2023). *Hohes Alter in Deutschland.* Springer.

Kast, V. (2023). *Altern – immer für eine Überraschung gut* (5. Aufl.). Patmos.

Kaudelka, K. & Isenbort, G. (Hrsg.) (2014). *Altern ist Zukunft. Leben und Arbeiten in einer alternden Gesellschaft.* transcript.

Kersten, J., Neu, C. & Vogel, B. (2022). *Das Soziale-Orte-Konzept. Zusammenhalt in einer vulnerablen Gesellschaft.* transcript.

Kesseler, E.-M. & Warner, L. M. (2022). *Ageismus – Altersbilder und Altersdiskriminierung in Deutschland.* Berlin.

Klie, T. (2019). *Wen kümmern die Alten? Auf dem Weg in eine sorgende Gesellschaft.* Droemer.

Klingenböck, U., Scheutz, M. & Niederkorn-Bruck, M. (Hrsg.) (2009). *Alterskonzepte.* Studien Verlag.

Kolland, F. & Dorner, T. E. (Hrsg.) (2020). *Gesundheitliche Lebensqualität im Alter. Ein interdisziplinäres Handbuch für Health Professionals.* MANZ.

Kolland, F., Gallistl, V. & Parisot, V. (Hrsg.) (2021). *Kulturgerontologie. Konstellationen, Relationen und Distinktionen.* Springer VS.

Kolland, F. & Gallistl, V. (2022). *Neue Kulturstile älterer Menschen. Zum Älterwerden zwischen Ästhetik und Alltag.* transcript.

Korsch, D. (Hrsg.) (2019). *Die heilende Kraft des Sinns. Viktor E. Frankl in philosophischer, theologischer und therapeutischer Betrachtung.* Kohlhammer.

Kremer-Preiß, U., Mehnert, T. & Klemm, B. (2019). *Betreutes Seniorenwohnen. Entwicklungsstand und Anforderungen an eine zukunftsgerechte Weiterentwicklung. Ergebnisse einer empirischen Studie.* medhochzwei.

Kristeva, J. (1990). *Fremde sind wir uns selbst* (14. Aufl.). Suhrkamp.

Kruse, A. (2006). *Die Zukunft liegt im Alter.* Kester-Haeusler-Stiftung.

Kruse, A. (2014). *Die Grenzgänge des Johann Sebastian Bach. Psychologische Einblicke* (2. Aufl.). Springer.

Kruse, A. (2017). *Lebensphase hohes Alter. Verletzlichkeit und Reife.* Springer.

Kruse, A. (2021). *Vom Leben und Sterben im Alter. Wie wir das Lebensende gestalten können.* Kohlhammer.

Kruse, A. (2023). *Leben in wachsenden Ringen. Sinnerfülltes Alter.* Kohlhammer.

Kruse, A. & Schmitt, E. (Hrsg.) (2022). *»... der Augenblick ist mein und nehm ich den in Acht«. Daseinsthemen und Lebenskontexte alter Menschen.* Heidelberg University Publishing.

Kuratorium Deutsche Altershilfe (KDA) & Wüstenrot Stiftung (2014). *Wohnatlas (Teil 1+2).* www.kda.de.

Längle, A. (2021). *Viktor Frankl. Eine Begegnung* (2. Aufl.). Facultas.

Lang, F. R., Lessenich, S. & Rothermund, K. (2022). *Altern als Zukunft – eine Studie der VolkswagenStiftung.* Springer.

Lehr, U. & Thomae, H. (Hrsg.) (1987). *Formen seelischen Alterns. Ergebnisse der Bonner Gerontologischen Längsschnittstudie (BOLSA).* Enke.

Leitner-Schweighofer, T. (2009). *Frankls moralischer Imperativ. Die ethische Dimension in Viktor Frankls psychotherapeutischem/philosophischem Menschenbild.* Lang.

Leser, I. & Schwarz, J. (Hrsg.) (2018). *utopisch dystopisch. Visionen einer »idealen« Gesellschaft.* Springer VS.

Lessenich, S. (2018). *Neben uns die Sintflut. Wie wir auf Kosten anderer leben* (3. Aufl.). Piper.

Lessenich, S. (2022). *Nicht mehr normal. Gesellschaft am Rande des Nervenzusammenbruchs.* Hanser.

Levy, R. (2023). *Du bist so alt, wie du dich denkst. Warum positive Glaubenssätze beeinflussen, wie lange und gut wir leben – Wie Ageismus unserer Gesellschaft schadet.* Mosaik.

Luft, H. (2015). *Die Kunst, dem Alter zu begegnen. Psychoanalytische Erkundungen.* Brandes & Apsel.

Mahne, K., Wolff, J. K., Simonson, J. & Tesch-Römer, C. (Hrsg.). *Altern im Wandel. Zwei Jahrzehnte Deutscher Alterssurvey (DEAS).* Springer VS.

Mann, F. & Weisband, M. (2023). *Was uns durch die Krise trägt. Ein Generationengespräch.* wbg Theiss.

Marneros, A. (2017). *Homers Odyssee psychologisch erzählt. Der Seele erste Irrfahrt.* Springer.

Marcel, G. (1954). *Sein und Haben.* Schöningh.

Margalit, A. (2012). *Politik der Würde. Über Achtung und Verachtung.* (3. Aufl.). Suhrkamp.

Mau, S. & Schöneck, N. M. (Hrsg.) (2014). *Handwörterbuch zur Gesellschaft Deutschlands* (3. Aufl.). Springer VS.

Mead, M. (2000). *Der Konflikt der Generationen. Jugend ohne Vorbild.* Klotz.

Meißelbach, C. (2019). *Die Evolution der Kohäsion. Sozialkapital und die Natur des Menschen.* Springer VS.

Miesen, V. (2022). *Engagement und Habitus im Alter. Milieuspezifische Engagementtätigkeit im sozialen Nahraum*. transcript.

Mittelmark, M. B., Bauer, G. F., Vaandrager, L., Pelikan, J. M., Sagy, S., Eriksson, M., Lindström, B. & Meier Magistretti, C. (Hrsg.). (2022). *The Handbook of Salutogenesis* (2. Aufl.). Springer International Publishing.

Neidhöfer, T. (2021). *Arbeit an der Kultur. Margaret Mead, Gregory Bateson und die amerikanische Anthropologie, 1930–1950*. transcript.

Nietzsche, F. (1988). *Jenseits von Gut und Böse. Vorspiel einer Philosophie der Zukunft*. Reclam.

Nussbaum, M. (2015). *Fähigkeiten schaffen. Neue Wege zur Verbesserung menschlicher Lebensqualität*. Alber.

Opaschowski, H. (2013a). *Deutschland 2030. Wie wir in Zukunft leben*. Gütersloher Verlagshaus.

Opaschowski, H. (2023b). *Besser leben statt mehr haben. Wie wir die Zukunft der nachfolgenden Generationen sichern*. Kösel.

Pantel, J. (2022). *Der Kalte Krieg der Generationen. Wie wir die Solidarität zwischen Jung und Alt erhalten*. Herder.

Pernice-Warnke, S. (2023). *Demographischer Wandel, altersgruppenbezogene Partizipation und Generationengerechtigkeit. Zur rechtlichen Ordnung einer alternden Gesellschaft*. Mohr Siebeck.

Petzold, H., Horn, E. & Müller, L. (Hrsg.) (2011). *Hochaltrigkeit. Herausforderung für persönliche Lebensführung und biopsychosoziale Arbeit*. Springer VS.

Pfaller, L. (2016). *Anti-Aging als Form der Lebensführung*. Springer VS.

Pfaller, L. & Schweda, M. (Hrsg.) (2024). *»Successful Aging«? Leitbilder des Alterns in der Diskussion*. Springer VS.

Pohlmann, S. (Hrsg.) (2022). *Alter und Devianz. Ein Handbuch*. Kohlhammer.

Pottharst, B. (2022). *Generation, Ungleichheit, Technik. Technikkompetenz im höheren Lebensalter*. Springer VS.

Pousset, R. (2018). *Senizid und Altentötung. Ein überfälliger Diskurs*. Springer VS.

Radbruch, G. (1946). Gesetzliches Unrecht und übergesetzliches Recht. *Süddeutsche Juristenzeitung*, 105–108.

Ratzenböck, B., Scherke, K., Sprung, A. & Suppanz, W. (Hrsg.) (2023). *Sozialer Zusammenhalt in der Krise. Interdisziplinäre Perspektiven auf Heterogenität und Kohäsion moderner Gesellschaften*. transcript.

Rau, A. (2024). *Das Affektregime weiblicher Altersarmut. Zur subjektiven Verarbeitung von Prekarität*. Campus.

Reiner, J. (2023). *Identitätsarbeit beim Übergang in die Pension. Prozesse und Inhalte der prospektiven Auseinandersetzung mit Identitätsentwürfen und die Bedeutung der individuellen Kapitalausstattung*. Springer VS.

Reinhardt, E. M. & Grunwald, K. (Hrsg.) (2023). *Seniorenwirtschaft. Management und Perspektiven*. Springer VS.

Reitinger, E., Vedder, U. & Chiangong, P.M. (Hrsg.) (2018). *Alter und Geschlecht. Soziale Verhältnisse und kulturelle Repräsentationen.* Springer VS.

Richter, E. (2020). *Seniorendemokratie. Die Überalterung der Gesellschaft und ihre Folgen für die Politik.* Suhrkamp.

Richter, L. (2019). *Lebenslagen unter Altersarmut. Über die Lebenssituation von als arm und alt adressierten Menschen.* Springer VS.

Rödder, A. (2006). Vom Materialismus zum Postmaterialismus? Ronald Ingleharts Diagnosen des Wertewandels, ihre Grenzen und ihre Perspektiven. *Zeithistorische Forschungen/Studies in Contemporary History, 3*, 480–485.

Rojo-Pérez, F. & Fernández-Mayoralas, G. (Hrsg.) (2021). *Handbook of Active Ageing and Quality of Life. From Concepts to Applications.* Springer International Publishing.

Rosa, H. (2013). *Beschleunigung und Entfremdung. Entwurf einer kritischen Theorie spätmoderner Zeitlichkeit* (9. Aufl.). Suhrkamp.

Rosenmayr, L. (1978). *Der alte Mensch in der Gesellschaft.* Rowohlt.

Rosenmayr, L. (1983). *Die späte Freiheit. Das Alter, ein Stück bewußt gelebten Lebens.* Severin und Siedler.

Ross, F., Rund, M. & Steinhaußen, J. (Hrsg.) (2019). *Alternde Gesellschaften gerecht gestalten. Stichwörter für die partizipative Praxis.* Barbara Budrich.

Rothermund, K. & Mayer, A.-K. (2009). *Altersdiskriminierung. Erscheinungsformen, Erklärungen und Interventionsansätze.* Kohlhammer.

Roudinesco, É. (2011). *Jacques Lacan. Bericht über ein Leben, Geschichte eines Denksystems.* Turia + Kant.

Saake, I. (2007). *Die Konstruktion des Alters. Eine gesellschaftstheoretische Einführung in die Alternsforschung.* Springer VS.

Safranski, R. (2019). *Nietzsche. Biographie seines Denkens* (2. Aufl.). Hanser.

Scarre, G. (Hrsg.) (2017). *The Palgrave Handbook of the Philosophy of Aging.* Palgrave Macmillan UK.

Schauer, A. (2023). *Mensch ohne Welt. Eine Soziologie spätmoderner Vergesellschaftung* (2. Aufl.). Suhrkamp.

Schirrmacher, F. (2005). *Das Methusalem-Komplott.* Blessing.

Schlaffer, H. (2016). *Das Alter. Ein Traum von Jugend.* Suhrkamp.

Schmidbauer, W. (2022). *Die großen Fragen des Alterns. Seelisch im Gleichgewicht bleiben. Dem Leben spielerisch begegnen. Das Glück im Tun finden.* ecowing.

Schnell, M.W., Dunger, C. & Schulz-Quach, C. (Hrsg.) (2023). *Corona. Todesangst und Hilfsbereitschaft. Eine Vignettenstudie.* Springer VS.

Schroer, M. (2006). Soziale Morphologie. In Schäfers, B. & Kopp, J. (Hrsg.), *Grundbegriffe der Soziologie.* (S. 262–266). Springer VS.

Schulz, R. (2020). *Als Odysseus staunte. Die griechische Sicht des Fremden und das ethnographische Vergleichen von Homer bis Hesiod.* Vandenhoeck & Ruprecht.

Schulz, S. (2022). *Die Altenrepublik. Wie der demographische Wandel unsere Zukunft gefährdet.* Hoffmann und Campe.

Schulze Heuling, D. (2023). *Der Lockdown. Politische, philosophische, rechtliche und ethische Aspekte.* Nomos.

Schulz-Nieswandt, F. (2017). *Personalität, Wahrheit, Daseinsvorsorge. Spuren eigentlicher Wirklichkeit des Seins.* Königshausen & Neumann.

Schulz-Nieswandt, F. (2018a). Ein Babyboomer erinnert sich. *ProAlter, 50*(2), 14–18.

Schulz-Nieswandt, F. (2018b). *Zur Metaphysikbedürftigkeit empirischer Alter(n)ssozialforschung.* Nomos.

Schulz-Nieswandt, F. (2019a). *Die Formung zum Homo Digitalis. Ein tiefenpsychologischer Essay zur Metaphysik der Digitalisierung.* Königshausen & Neumann.

Schulz-Nieswandt, F. (2019b). Zum Framing der Alter(n)sdiskurse durch die Blickweise der Altenberichtskommissionen. *Medien & Altern, 14*, 16–27.

Schulz-Nieswandt, F. (2019c). Digitalisierung und Alter. Segen oder Fluch? *ProAlter, 51*(2), 7–8.

Schulz-Nieswandt, F. (2019d). *Gestalt-Fiktionalitäten dionysischer Sozialpolitik. Eine Metaphysik der Unterstützungstechnologien im Kontext von Krankenhausentlassung und der Idee eines präventiven Hausbesuchs als Implementationssetting.* Nomos.

Schulz-Nieswandt, F. (2020a). Der Mythos der Großfamilie. Schlag- und Streiflichter einer alternativen Erzählung. *ProAlter, 52*(4), 4–7.

Schulz-Nieswandt, F. (2020b). Die Altenberichte der Bundesregierung. Themen, Paradigmen, Wirkungen. In Aner, K. & Karl, U. (Hrsg.), *Handbuch Soziale Arbeit und Alter* (2. Aufl.) (S. 639–651). Springer VS.

Schulz-Nieswandt, F. (2020c). Zur Bedeutung der Psychodynamik für die Sozialpolitik des Alter(n)s in Forschung und reflexiver Praxis. *Psychotherapie im Alter, 17*(3), 355–365.

Schulz-Nieswandt, F. (2020d). Die Missbrauchsaufsicht des Gewährleistungsstaates anders denken. *ProAlter, 52*(4), 33–34.

Schulz-Nieswandt, F. (2020e). *Gemeinwirtschaft und Gemeinwohl.* Nomos.

Schulz-Nieswandt, F. (2021a). Kardinalfragen einer zukünftigen Wissenschaft heterotoper Gemeinwirtschaft. *Zeitschrift für Gemeinwirtschaft und Gemeinwohl, 44*(1), 135–143.

Schulz-Nieswandt, F. (2021b). *Der Mensch als Keimträger. Hygieneangst und Hospitalisierung des normalen Wohnens im Pflegeheim.* transcript.

Schulz-Nieswandt, F. (2021c). *Der alte Mensch als Verschlusssache. Corona und die Verdichtung der Kasernierung in Pflegeheimen.* transcript.

Schulz-Nieswandt, F. (2021d). Vita activa oder Vom lebendigen Wohnen in der Polis. *ProAlter, 53*(3), 5–7.

Schulz-Nieswandt, F. (2021e). Der Tod um uns herum als Erfahrung. Wie Corona uns unsere vulnerable Kreatürlichkeit in Erinnerung bringt und ein Brennglas der Kulturdiagnostik ist. *ProAlter, 53*(1), 7–9.

Schulz-Nieswandt, F. (2021f). *Der apollinisch-dionysische Geist der Sozialpolitik und der*

Gemeinwirtschaft. Dialektische Poetik der Kultur zwischen Würde und Verletzbarkeit des Menschen. Nomos.

Schulz-Nieswandt, F. (2021g). *Gemeinwirtschaft. Grundriss einer Morphologie der dualen Wirtschaft. In memoriam Theo Thiemeyer (1929–1991).* Duncker & Humblot.

Schulz-Nieswandt, F. (2021h). Abschied von der »Kasernierung«. Ein Kulturwandel in der Langzeitpflege ist nötig. *Dr. med. Mabuse, 253*(Sept./Okt.), 28–30.

Schulz-Nieswandt, F. (2021i). *Zur Göttlichkeit griechischer Landschaften.* Königshausen & Neumann.

Schulz-Nieswandt, F. (2021j). *Die Mittelmeerfahrten von Göran Schildt (1917–2009) und seine Daphne. Moderner skandinavischer Blick, Nachkriegsepoche und Griechenlandsehnsucht.* Königshausen & Neumann.

Schulz-Nieswandt, F. (2022a). *Der heilige Bund der Freiheit. Frankfurt – Athen – Jerusalem. Eine Reise.* Alber in Nomos.

Schulz-Nieswandt, F. (2022b). Kapitalismus in der Langzeitpflege. Eine Ökonomie von Gut und Böse? *ProAlter, 54*(3), 24–26.

Schulz-Nieswandt, F. (2022c). Die Vision einer neuen Kultur des Wirtschaftens der Care-Felder als Grundlage einer Miteinanderfreiheit in Miteinanderverantwortung. *ProAlter, 54*(4), 5–8.

Schulz-Nieswandt, F. (2022d). *Gemeinwohl in einer Gesellschaft des privatbesitzrechtlichen Individualismus.* Nomos.

Schulz-Nieswandt, F. (2023a). *Der Mensch als geistiges Naturwesen bei Adolf Portmann (1997–1982). Reflexionsfragmente in Lichte eigener autobiographischer Perspektiven.* Nomos.

Schulz-Nieswandt, F. (2023b). *»Alltagsbegleitung, Betreuung und haushaltshilfliche Dienstleistungen im Alter« der BürgerSozialGenossenschaft Biberach eG. Forschungsbericht zur Begleitung des Projekts »In Würde zu Hause alt werden« im Modus narrativer Ethnographie.* Nomos.

Schulz-Nieswandt, F. (2023c). *Onto-Poetik der responsiven Gabe. Eine Phänomenologie des Weges zum genossenschaftlichen Miteinander im Lichte der Dialektik von Identität und Alterität.* Alber in Nomos.

Schulz-Nieswandt, F. (2023d). *Integrierte Versorgung als humangerechte Mutation der Medizinkultur. Das Elend einer Selbstblockierung eines kranken Sektors.* LIT.

Schulz-Nieswandt, F. (2023e). *Die Europäische Union und die Eule der Minerva.* LIT.

Schulz-Nieswandt, F. (2023f). Vom Naturrecht der Personalität zu den sozialen Praktiken der Personenzentrierung. *Case Management, 29*(2), 72–77.

Schulz-Nieswandt, F. (2023g). *Das Griechenlandbild im Werk von Eva Jantzen. Zwischen arkadischer Sehnsucht und Modernisierungserfahrung.* Königshausen & Neumann.

Schulz-Nieswandt, F. (2023h). *Poetiken des Alltags. Hermeneutische Studien zur TV-Serie »Der Kommissar«, zu Simenons »Maigret«-Romanen und zu Liedern von Reinhard Mey.* Nomos.

Schulz-Nieswandt, F. (2023i). *Transnationale Zuwanderung der Sorgearbeit. Eine Problematisierung.* Kohlhammer.

Schulz-Nieswandt, F. (2023j). *Der Mensch zwischen Entfremdung und wahrer Form. Zur Metaphysik der Idee der Genossenschaft im Lichte des Werkes von Paul Tillich.* Nomos.

Schulz-Nieswandt, F. (2023k). *Das Leben ändern als ein Werden in wachsenden Ringen. Ein Essay zur Möglichkeit, über »Fortschritt« sinnvoll zu reden.* Duncker & Humblot.

Schulz-Nieswandt, F. (2023l). *Der Zweifaltigkeits-Code der Wirtschaftslehre. Strukturale Hermeneutik eines geistigen Klassifikationssystems.* Nomos.

Schulz-Nieswandt, F. (2023m). *Aura des Augenblicks. Epiphanisches Erleben in Dorothy L. Sayers (1893–1957) Roman »Aufruhr in Oxford«.* Königshausen & Neumann.

Schulz-Nieswandt, F. (2023n). *Mythische Atmosphäre und kreativer Eros. Das Zusammenspiel in »Venus und der Antiquar« von Leo Weismantel.* Königshausen & Neumann.

Schulz-Nieswandt, F. (2023o). *Daseinsthematische Polaritäten in »Warrior Cats« (Staffel 1). Eine kulturgrammatische und psychodynamische Analyse.* Nomos.

Schulz-Nieswandt, F. (2023p). Aktualgenese und Selbsttranszendenz als Wesenskern innovativer Langzeitpflege am Beispiel der Tagespflege. *ProAlter,* 55(3), 5–9.

Schulz-Nieswandt, F. (2023q). *Genossenschaft, Sozialraum, Daseinsvorsorge. Die Wahrheit der Form und ihr Wirklich-Werden in der Geschichte im Ausgang von Paul Tillich.* Nomos.

Schulz-Nieswandt, F. (2024a). *Die epistemische Differenz. Quo vadis: Eule der Minerva?* Nomos.

Schulz-Nieswandt, F. (2024b). *»Begeisterung der Materie«. Eine exemplarische Texthermeneutik im Geiste einer responsiven Phänomenologie.* Nomos.

Schulz-Nieswandt, F., Köstler, U. & Mann, K. (2021a). *Kommunale Pflegepolitik. Eine Vision.* Kohlhammer.

Schulz-Nieswandt, F., Köstler, U. & Mann, K. (2021b). *Sozialpolitik und ihre Wissenschaft.* LIT.

Schulz-Nieswandt, F., Köstler, U. & Mann, K. (2021c). *Lehren aus der Corona-Krise. Modernisierung des Wächterstaates im SGB XI. Sozialraumbildung als Menschenrecht statt »sauber, satt, sicher, still«.* Nomos.

Schulz-Nieswandt, F., Köstler, U. & Mann, K. (2022a). *Gestaltwerdung als Gelingen der Daseinsführung im Lebenszyklus. Das Erkenntnisinteresse der Kritischen Wissenschaft von der »gerontologischen Sozialpolitik«.* Nomos.

Schulz-Nieswandt, F., Micken, S. & Moldenhauer, J. (2022b). *Zur sozialen Geometrie der Selbsthilfe. Eine Morphologie zwischen Innenraum, liminalem Hybridraum und Öffnungsraum als »Commoning«.* LIT.

Schulz-Nieswandt, F. & Moldenhauer, J. (2023). *Tischgenossenschaft und Genossenschaft der Tische. Eine kleine Morphologie der Miteinander-Gabe und der Für-Gabe für Andere als Formen sozialer Beziehungen.* LIT.

Schulz-Nieswandt, F., Chardey, B. & Möbius, M. (2023a). *Zur Kritik der innovativen Vernunft. Der Mensch als Konjunktiv.* Nomos.

Schulz-Nieswandt, F., Rehner, C., Möbius, M., Germann, I., Freymuth, C. & Bruns, A. (2023b). *Innovationen in der Sozialpolitik des Alterns. Eine kritische Vermessung innovativen Wandels.* Kohlhammer.

Schulz-Nieswandt, F., Mann, K., Köstler, U. & Brandenburg, H. (2023c). *Professionelle Teams in Heimen. Führung und Organisationskultur sowie Trägerschaft in der stationären Langzeitpflege.* Nomos.

Schulz-Nieswandt, F. & Thimm, P. (2023a). *Morphologie und Metamorphosen des Dritten Sektors. Die Entelechie der Gemeinwirtschaft in der wirtschaftsorganisationsrechtlichen Disziplinarordnung.* Duncker & Humblot.

Schulz-Nieswandt, F. & Thimm, P. (2023b). *Wirtschaftsorganisationsrecht und Organisationskultur in der Langzeitpflege.* LIT.

Seligman, M. (1979). *Erlernte Hilflosigkeit.* Urban und Schwarzenberg.

Sen, A. (2020). *Elemente einer Theorie der Menschenrechte.* Reclam.

Simonson, J., Kelle, N., Kausmann, C. & Tesch-Römer, C. (Hrsg.) (2022). *Freiwilliges Engagement in Deutschland. Der deutsche Freiwilligensurvey 2019.* Springer VS.

Sobiech, G. (2023). *»Forever Young?« Intersektionale Perspektiven auf Alter(n), Fitness und Gesundheit.* Springer VS.

Soeffner, H.-G. (2019). *Der geplante Mythos. Untersuchungen zur Struktur und Wirkungsbedingung der Utopie.* Springer VS.

Sprakties, G. (2019). *Happy-Aging statt Anti-Aging. Glücklich und sinnerfüllt alt werden.* Springer.

Staats, M. & Steinhaußen, J. (Hrsg.) (2021). *Resilienz im Alter.* Juventa in Beltz.

Stadelbacher, S. & Schneider, W. (Hrsg.) (2020). *Lebenswirklichkeiten des Alter(n)s. Vielfalt, Heterogenität, Ungleichheit.* Springer VS.

Stallberg, F. W. (2021). *Die Entdeckung der Einsamkeit. Der Aufstieg eines unerwünschten Gefühls zum sozialen Problem.* Springer VS.

Staudhammer, M. (2024). *Prävention von Machtmissbrauch und Gewalt in der Pflege* (2. Aufl.). Springer.

Stückler, A. (2024). *Kritische Theorie des Alter(n)s.* Mandelbaum.

Taylor, C. (2012). *Ein säkulares Zeitalter* (2. Aufl.). Suhrkamp.

Teti, A., Nowossadeck, E., Fuchs, J. & Künemund, H. (Hrsg.) (2022). *Wohnen und Gesundheit im Alter.* Springer VS.

Tewes, C., Schlette, M. & Fuchs, T. (Hrsg.) (2023). *Verletzlichkeit und Personalität in der Demenz. Anthropologisch-phänomenologische Zugänge.* Alber in Nomos.

Tremmel, J. (2024). *Generationengerechtigkeit angesichts existenzieller Krisen.* Nomos.

van Dyk, S. & Lessenich, S. (Hrsg.) (2009). *Die jungen Alten. Analysen einer neuen Sozialfigur.* Campus.

Wagner, L. (2021). *Zusammen ist man weniger alt. Ein Mehrgenerationenhaus und die wissenschaftliche Antwort darauf, wie wir gesund und glücklich altern.* Goldmann.

Wagner-Hasel, B. (2012). *Alter in der Antike. Eine Kulturgeschichte.* Böhlau.

Wahl, H.-W. (2017). *Die neue Psychologie des Alterns. Überraschende Erkenntnisse über unsere längste Lebensphase* (3. Aufl.) Kösel.

Weber, A. M. (2023). *Generation Hoffnung. Wie junge Menschen zwischen Klimawandel, Krieg und Selfie-Sucht die Zukunft gestalten.* Klartext.

Weischer, C. (2022). *Sozialstrukturanalyse. Grundlagen und Modelle* (2. Aufl.). Springer VS.

Wilde, D. & Franke, A. (2008). *Die »silberne« Zukunft gestalten. Handlungsoptionen im demographischen Wandel am Beispiel innovativer Wohnformen für ältere Menschen.* Driesen.

Winkler-Horacek, L. (2015). *Monster in der frühgriechischen Kunst. Die Überwindung des Unfassbaren.* De Gruyter.

Wittwer, H., Schäfer, D. & Frewer, A. (Hrsg.) (2020). *Handbuch Sterben und Tod. Geschichte – Theorie – Ethik* (2., aktual. u. erw. Aufl.). Metzler in Springer.

Wolff, M. (2021). *Soziale Teilhabe von älteren Menschen. Empirischer Vergleich und sozialethische Reflexion dreier Wohlfahrtsstaaten.* Nomos.

Wonneberger, A., Stelzig, S., Weidtmann, K. & Lölsdorf, D. (Hrsg.) (2023). *Werte und Wertewandel in der postmigrantischen Gesellschaft.* Springer VS.

Wurm, S. (2023). *Gesund Älterwerden. Wünsche, Fakten, Möglichkeiten.* Kohlhammer.

Zwingmann, C., Klein, C. & Jeserich, F. (Hrsg.) (2017). *Religiosität: Die dunkle Seite. Beiträge zur empirischen Religionsforschung.* Waxmann.